MISSION D'OLLONE

1906 — 1909

ÉCRITURES
DES PEUPLES NON CHINOIS
DE LA CHINE

Quatre Dictionnaires Lolo et Miao Tseu

DRESSÉS PAR

LE COMMANDANT D'OLLONE

AVEC LE CONCOURS DE

MONSEIGNEUR DE GUÉBRIANT

Évêque du Kien Tch'ang

Ouvrage contenant 9 Planches, 103 Tableaux
et une Carte hors texte

PARIS

ERNEST LEROUX, ÉDITEUR

28, RUE BONAPARTE, VIᵉ

1912

DU MÈME AUTEUR

De la Côte d'Ivoire au Soudan et à la Guinée (Mission
Hostains-d'Ollone, 1898-1900), in-8° illustré, chez Hachette
et Cⁱᵉ, 1901, 3ᵉ édition. . . . . **10** »
Ouvrage couronné par l'Académie française (Prix Montyon, 1902)

La Chine novatrice et guerrière, in-12, chez Armand Colin,
1907, deuxième mille **3 50**
Ouvrage couronné par l'Académie française (Prix Fabien, 1908)

Les Derniers Barbares (Mission d'Ollone, 1906-1909, Chine,
Tibet, Mongolie), in-8° jésus illustré, chez Pierre Lafitte
et Cⁱᵉ, 1911, 5ᵉ édition . . . . **15** »
Ouvrage couronné par l'Académie française (Prix M. Guérin 1912)

In forbidden China, édition anglaise du même ouvrage, chez
Fisher Unwin, Londres, 1912 . . . . **18 75**

DOCUMENTS SCIENTIFIQUES

DE LA

MISSION D'OLLONE

Ernest Leroux, Éditeur, 28, rue Bonaparte

  I. *Recherches sur les Musulmans chinois*, in-8° jésus de
     482 pages avec 92 planches et gravures . . . . . **15** »
 II. *Stèles et Inscriptions rupestres*, in-8° jésus de 400 pages.
III. Album de 100 planches hors texte (*sous presse*) . . . } » »
 IV. *Monuments de la Chine occidentale*, in-8° jésus de
    350 pages, avec 75 planches et gravures (*en prépara-
    tion*) . . . . » »
  V. *Textes historiques concernant les peuples non chinois
    de la Chine*, in-8° jésus de 300 pages (*en préparation*). » »
 VI. *Langues des peuples non chinois de la Chine*, in-8° jésus
    de 245 pages . . . . **15** »
VII. *Écritures des peuples non chinois de la Chine*, in-8°
    jésus de 300 pages avec 9 planches et 103 tableaux . . **15** »
VIII. *Ethnographie et Anthropologie*, in 8° jésus de 350 pages
    avec 80 gravures (*en préparation*) . . . . » »
 IX. *Géographie*, in-8° jésus, avec 3 cartes, itinéraires, profils
    (*en préparation*) . . . . » »

ÉCRITURES

DES PEUPLES NON CHINOIS

DE LA CHINE

PL. I

INSCRIPTION LOLO
GRAVÉE SUR LE FOURREAU D'ARGENT
DE L'EPÉE DU PRINCE LEN

ÉCRITURES

DES PEUPLES NON CHINOIS

DE LA CHINE

QUATRE DICTIONNAIRES LOLO ET MIAO TSEU

DRESSÉS PAR

LE COMMANDANT D'OLLONE

AVEC LE CONCOURS DE

MONSEIGNEUR DE GUÉBRIANT

ÉVÊQUE DU KIEN TCH'ANG

OUVRAGE CONTENANT 9 PLANCHES, 103 TABLEAUX
ET UNE CARTE HORS TEXTE

PARIS

ERNEST LEROUX, ÉDITEUR

28, RUE BONAPARTE, VIe

1912

La généreuse subvention par laquelle le Parlement a assuré la publication des travaux de notre mission, et qui nous est allouée par les Départements des Colonies et de l'Instruction publique, a seule rendu possible la coûteuse reproduction de ces écritures nouvelles.

TABLE DES MATIÈRES

INTRODUCTION

Nous avons pu, au cours de notre exploration, établir quatre dictionnaires succincts d'écritures jusqu'ici indéchiffrées : l'une, dont l'existence même était inconnue, est celle des Miao-tseu du Sseu-tch'ouan méridional; les trois autres appartiennent au groupe Lolo qui, on le sait, s'étend sur le sud du Sseu-tch'ouan, le Kouei-tcheou, le Yun nan et le nord du Tonkin.

L'existence de cette dernière écriture a été découverte, en 1873, par le Père Crabouillet, et signalée aussitôt, d'après ses communications, par M. Henri Cordier; en 1877, Colborne Baber a de nouveau attiré l'attention sur elle en publiant, dans la relation de son voyage, un fragment d'écriture qui lui venait aussi du Père Crabouillet (1), et que M. Terrien de Lacouperie a longuement étudié. Il déclare que « l'écriture est phonétique, composée d'un petit nombre de caractères, moins de quarante; elle est alphabétique, les lettres se combinent en groupes (2) ». M. Terrien de Lacouperie a continué cette étude à propos d'un « Manuscrit lolo écrit sur soie ». Il faut convenir que ses conclusions ne

---

(1) Baber ne nomme pas le missionnaire dont il reconnaît avoir reçu ce fragment, mais nous tenons du Père Martin l'origine exacte de ce document : ce sont des brouillons de devoirs d'écriture faits par des élèves du *pimo* — prêtre, lettré, maître d'école lolo — de Pien-pa, à 25 kilomètres de Fou-lin, sur la rive droite du Ta-tou-ho, jadis résidence du P. Crabouillet et après lui celle du Père Martin, que nous y avons visité. Tel est le précieux manuscrit sur lequel s'est exercée la sagacité des savants.

(2) *Travels and researches in Western China*, by Colborne Baber (R. G. S. *Supplementary Papers*, p. 142).

s'accordent en aucune manière avec les documents que nous apportons, puisque le premier de nos trois dictionnaires comprend à lui seul plus de mille caractères différents, et qu'il est loin, malheureusement, d'être complet.

Depuis ce moment, un certain nombre de volumes lolos ont été rapportés en Europe : il y en a sept à la Bibliothèque nationale, une quinzaine à l'École des Langues orientales vivantes. Nous-mêmes en rapportons trente-deux, trente et un manuscrits et un volume qui est assurément le premier qui ait été imprimé par les Lolos : un de leurs princes vient de fonder chez lui une école et a fait graver ce livre de connaissances générales, qui sera sans doute suivi de beaucoup d'autres.

Les livres lolos sont en réalité assez rares ; beaucoup de tribus ne savent pas écrire ; chez quelques autres, au contraire, presque tous les hommes savent écrire, mais ils ne se servent de cette science que pour tenir à jour leur *Livre de famille*, où chaque père inscrit les principaux événements de sa vie et le nom de ses enfants qui, une fois mariés, recopieront le livre et le compléteront pour leur descendance. De tels livres, chez les familles importantes et surtout chez les princes, constituent de vraies Annales du clan.

Mais, le plus souvent, il n'y a d'autres Lolos à savoir écrire que ceux qui en font profession : les *pimo*. Ceux-ci remplissent à la fois le rôle de prêtre, puisqu'ils sont seuls à pouvoir lire les rituels de cérémonies, d'écrivain public, de chancelier pour les nobles et les princes, et de précepteur pour leurs enfants, car les nobles se piquent volontiers de connaître leur écriture nationale que les serfs et esclaves ignorent absolument.

En dehors des Livres de famille, je n'ai guère trouvé que des livres de prières et cérémonies. Cependant il en existe d'autres, notamment d'histoire et de traditions, mais les Lolos ne veulent ni se défaire de ces ouvrages extrêmement rares, ni même les montrer. Néanmoins, parmi les volumes que nous rapportons, s'en trouvent cinq, copies de livres plus anciens et qui, d'après le *pimo* qui me les a cédés, traitent des matières suivantes : *Le Déluge, La dispersion des races, La numération* — elle va jusqu'à dix millions, — *La description des animaux* — histoire naturelle, — *La description des fleuves et montagnes* — géographie.

Aucune inscription lolo n'était connue jusqu'en 1906. A cette date, sur les indications de M. Pelliot, qui avait relevé dans un ouvrage chinois la mention d'une inscription en écriture « tsouan », M. Sylvain Charria, receveur des postes à Yun nan sen, et le R. Père Ducloux, supérieur du Séminaire de Yun nan sen, se rendirent à Tsan tseu ngai, près de Lou k'iuan hien, et y trouvèrent l'inscription, qui est bien de l'écriture appelée aujourd'hui lolo. Elle a été publiée dans le *Bulletin de l'Ecole Française d'Extrême-Orient* de janvier-juin 1906, mais « fortement retouchée », comme le reconnaît la mention qui l'accompagne.

Ayant comparé cette reproduction avec l'inscription réelle, nous y avons constaté des différences très considérables. Nous avons estampé de nouveau cette inscription en triple exemplaire ; deux de ces exemplaires ayant été momentanément cru égarés dans un de nos envois en France, j'ai obtenu du R. Père Ducloux qu'il voulût bien en faire prendre trois nouveaux estampages pour notre compte. Nos six estampages, bien que faits avec d'autant plus de soins que le résultat de la première tentative était moins satisfaisant, sont pourtant impossibles à reproduire tels quels, car les aspérités de la roche, très irrégulière, empêchent le papier de s'adapter à elle et le noir de fumée de s'étendre uniformément : chaque creux de la pierre produit une tache blanche qui déforme les caractères voisins. Nous avons donc été forcés, nous aussi, de retoucher l'inscription pour pouvoir la publier (page 23) ; mais, grâce à la minutieuse comparaison des six estampages et à l'observation rigoureuse des contours des caractères gravés en relief au verso des feuilles très épaisses, le résultat doit avoir une exactitude assez grande. Il diffère beaucoup de la figure publiée par l'Ecole française d'Extrême-Orient.

Une deuxième inscription, estampée pour le compte de M. Charria, mais non vue par lui, a été également publiée dans le même numéro du B.E.F.E.O. Cet estampage, retouché lui aussi, n'était pas complet : nous avons trouvé à trois kilomètres de Tsan tseu ngai, au lieu dit Fan yi tseu, la stèle funéraire, gisant à terre au milieu d'un bois, qui porte l'inscription lolo; symétriquement disposée sur la même face, une inscription chinoise fait pendant au texte lolo (voir page 25). Cette inscription chinoise a une grande importance : elle précise en effet la date de la stèle, qui est de 1534, et le nom du défunt personnage lolo qu'elle célèbre, Fong. Or, ce Fong étant également célébré dans deux inscriptions chinoises, datées de 1533, qui avoisinent de chaque côté l'inscription lolo de Tsan tseu ngai, il est plus que probable que celle-ci concerne le même personnage et a été gravée à la même date, 1533. Nous avons donc ainsi les dates des plus anciens documents lolos découverts jusqu'ici.

A ces inscriptions connues, mais dont nous apportons des reproductions plus exactes et complètes, nous joignons trois inscriptions nouvelles découvertes par nous à Yang kai tseu, au Kouei tcheou, près de la frontière du Yun nan (N. N. O. de Wei ning tcheou), à Tchao eul yé (Kouei tcheou), à l'est de la même ville, et à Fan tcheou, au nord-est de Yen mo hien (Yun nan). Ces inscriptions sont tenues absolument secrètes par les Lolos qui craignent de voir détruire par les Chinois tous les monuments de leur race. Leur recherche nous a demandé une opiniâtreté inlassable, qui n'alla pas sans quelque danger : je n'ai pu arriver à la première, bien que j'en eusse appris par subterfuge l'emplacement approximatif, qu'en usant de coërcition envers un indigène ; il m'a été impossible d'approcher personnellement de la seconde, celle de Tchao eul yé, et le serviteur que j'avais envoyé dans l'espoir qu'il attirerait moins l'attention, découvert durant son opération. n'a dû son salut qu'à la fuite. — L'unique estampage qu'il avait eu le temps de prendre est trop pâle pour être reproduit tel quel, et nous n'avons pas osé le retoucher sans autre élément de comparaison ; nous ne donnons donc pas le fac-similé de cette inscription. — Ces circonstances permettent de croire qu'il existe un certain nombre d'inscriptions lolos encore inconnues, que des investigations tenaces permettront de découvrir.

Nous ne donnons ici ces inscriptions que comme les monuments les plus caractéristiques de l'écriture lolo. On trouvera à leur sujet des notices détaillées dans le Tome II de notre publication : *Stèles et Inscriptions rupestres*, ainsi que dans le Tome V : *Textes historiques concernant les peuples non chinois de la Chine*.

*
* *

Jusqu'ici, un seul homme s'est consacré sur place à l'étude de l'écriture lolo, et, à la suite de diverses brochures, il vient, pendant que le présent ouvrage était en cours d'impression, de publier un important dictionnaire : c'est l'abbé Vial, missionnaire au Yun nan. Je regrette qu'il ait cru devoir, contrairement à la pratique universelle de ses confrères, toujours si accueillants et empressés à rendre service, interdire à ma mission, comme à tous les autres explorateurs, de pénétrer sur le territoire qu'il évangélise. Cet ostracisme singulier nous a privés du plaisir de pouvoir constater l'exactitude de ses travaux. Certes, nous ne la mettons pas en doute, du moins en ce qui concerne la petite tribu qu'il connaît ; mais il faut avouer qu'en dehors d'elle, ils ne s'appliquent nullement à l'ensemble de la race lolo, répandue sur un territoire beaucoup plus grand que la France.

On trouvera dans ce volume trois essais de dictionnaires de l'écriture lolo. L'un, de 250 caractères, a été dressé par moi à Wei ning tcheou (Kouei tcheou) ; le second, de 480 caractères, a

été, sur ma demande, dressé à Ning yuan fou par Mgr de Guébriant, évêque du Kien tch'ang (Sseu tch'ouan), qui a bien voulu
participer, avec un dévoùment et une habileté au-dessus de tout
éloge, à mon exploration du pays des Lolos indépendants ; le
troisième, de 1.030 caractères, a été dressé par moi avec le concours d'un *pimo* venu de Kang siang ying, région un peu plus
septentrionale. Les caractères de ces trois dictionnaires ont été
tracés par trois lettrés lolos : ils ont été photographiés et
reproduits tels quels, sans aucune retouche. Mgr de Guébriant
et moi n'avons eu d'autre soin que de noter le son et le sens.

Les deux derniers, les plus importants, concordent fort bien
malgré quelques divergences qui ne présentent point de difficulté ;
mais ils ne sont nullement d'accord avec le premier, ni avec le
dictionnaire de l'abbé Vial.

En ce qui concerne le défaut d'identité des caractères pour
un même sens, le désaccord n'a rien que de naturel : les Lolos
représentent non le sens mais le son ; or, les dialectes sont très
différents, ainsi qu'on pourra le constater par la prononciation
indiquée (1). Mais nous avons noté, avec le travail de l'abbé Vial,
d'autres divergences plus graves. Tout d'abord, la plupart des
caractères diffèrent absolument et ne se peuvent identifier. Ensuite,
M. Vial présente un dictionnaire *complet*, et celui-ci ne comporte
que 424 caractères, qui sont donc, selon lui, les seuls employés
dans sa tribu. Un de nos dictionnaires en donne 1.030, et il est
loin d'être complet. Cette différence du simple au triple dans le
nombre des caractères usités suffit à établir une absolue disparité,
puisque les indigènes de l'abbé Vial ne connaissent pas la plus
grande partie des caractères des Lolos indépendants, et qu'ils
doivent, pour les remplacer, tirer un parti tout autre de ceux
qu'ils emploient.

Une autre différence très remarquable est à signaler, mais

---

(1) Se reporter, pour constater la disparité si grande des dialectes lolos, au Tome VI
de nos Documents scientifiques : *Langues des peuples non chinois de la Chine.*

celle-ci n'est point propre aux seuls Lolos de l'abbé Vial. Nous avons constaté qu'il existe deux systèmes d'écritures : l'une allant de haut en bas, les colonnes se suivant de gauche à droite, le seul qu'on connût jusqu'ici ; l'autre se dirigeant de droite à gauche, les lignes se succédant horizontalement les unes sous les autres comme les nôtres ; dans ce système, les signes n'ont plus la même position individuelle que dans le premier : ils sont couchés à 90 degrés. Un livre écrit avec l'un ou l'autre système a absolument le même aspect, mais dans certaines tribus il sera tenu de façon que le dos soit perpendiculaire au corps du lecteur, à notre manière, et, dans les autres, il sera tourné d'un quart de cercle, le dos devenant parallèle au corps.

Ce qui peut paraître peu important si ce n'est qu'un procédé de lecture, devient autrement grave quand on considère que c'est un système d'écriture. Pour tracer le même caractère dans deux positions faisant ensemble un angle de 90 degrés, il est évident que le procédé sera absolument différent. Il est facile, avec un peu d'application et d'entraînement, de lire un livre européen en le tenant tourné à 90 degrés, mais pour coucher notre écriture — elle deviendrait verticale, tandis que les lettres auraient leur axe horizontal — une éducation toute spéciale de la main est nécessaire. Il est donc singulier de voir coexister deux systèmes si dissemblables.

L'écriture horizontale est pratiquée par la plupart des tribus tout à fait indépendantes dans le Ta leang chan, d'où proviennent nos deux principaux dictionnaires ; toutes les autres tribus de nous connues écrivent verticalement : notre dictionnaire de Wei ning comme celui de l'abbé Vial sont dans ce système.

*
* *

Ce dualisme conduit à se demander lequel des deux systèmes est le premier en date et quel motif a pu amener l'adoption si surprenante du second, question essentielle pour qui recherche l'origine de l'écriture lolo, et qui, peut-être, peut fournir quelques lueurs sur les origines de la race même.

Tout d'abord, nous n'avons recueilli aucune indication que les Lolos se soient jamais servi pour écrire d'un autre instrument que le pinceau, avec lequel l'écriture dans les deux sens est également facile. Il ne faut donc pas chercher la cause du renversement de l'écriture dans l'adoption d'un nouvel appareil, comme cela a eu lieu dans divers pays, par exemple pour les Chaldéens que l'emploi du coin s'enfonçant dans l'argile força à coucher les hiéroglyphes égyptiens.

L'écriture lolo ne semble pas fort ancienne, puisque les plus anciennes inscriptions connues, celles de Lou-K'iuan-hien, sont de 1533-1534, et que des textes comme celui du *Serment d'alliance des trente-sept tribus* en 971, à la confection desquels n'ont pris part que des Lolo et des Thaï — c'est-à-dire des non Chinois, — sont cependant écrits et gravés en chinois : ce qui prouve manifestement que l'écriture lolo pas plus que l'écriture thaï n'existaient encore, sans quoi toutes deux eussent servi à graver le même texte, tout au moins sur un registre spécial, ainsi que cela a lieu sur toutes les inscriptions de Chine destinées à être comprises par plusieurs races, et notamment sur les inscriptions mi-chinoises mi-lolo, postérieures, que nous avons trouvées (1).

Le *Nan-tchao-ye-che* raconte que l'écriture lolo a été inventée — il ne précise pas à quelle date — par un certain Avi qui composa onze cents caractères. Cette création soudaine d'une écriture par un seul homme n'a rien que d'assez ordinaire en Extrême-Orient : telle est l'origine du *mongol de Phagspa*, des *kana* japonais, — à la vérité systèmes alphabétiques, — et aussi du Si-hia, système idéographique ou phonétique comprenant un grand nombre de caractères.

---

(1) Voir l'étude de M. Chavannes sur cette inscription du *Serment d'alliance des trente-sept tribus*, que nous avons découverte à K'iu tsing fou, dans le Tome V de notre publication : *Textes Historiques concernant les peuples non chinois de la Chine.*

Que cette origine soit exacte ou non, l'écriture des Lolos n'apparaît que postérieurement non seulement à l'écriture chinoise, mais encore à celle des Tibétains, pour n'envisager que les deux peuples qui les entouraient. Les Lolos d'aujourd'hui ne connaissent, en dehors de leur écriture, que celle des Chinois qui les encerclent maintenant. S'ils avaient de tout temps écrit verticalement comme eux, quel mobile eût pu les décider à changer leur manière pour adopter l'horizontale ? Si, au contraire, ils ont commencé par écrire horizontalement, il serait tout naturel que ceux d'entre eux qui se sont soumis aient fini par adopter la disposition verticale à l'imitation de leurs vainqueurs. Or, fait à remarquer, seules les tribus indépendantes ont l'écriture horizontale, et toutes les tribus qui ont accepté l'autorité chinoise emploient l'écriture verticale.

Les plus anciens textes lolos connus, ceux des inscriptions de Lou K'iuan hien, sont écrits dans le sens vertical, mais les Lolos de la région, ainsi que l'indiquent les inscriptions chinoises contiguës, étaient de fidèles vassaux de la Chine, et pouvaient donc avoir déjà adopté le système de leurs suzerains. Sur deux des cinq inscriptions on trouve un texte chinois en regard du lolo, symétriquement ; le désir de réaliser cette symétrie avec l'écriture de leurs dominateurs, dans le but de se montrer ainsi sur un pied d'égalité avec eux, peut suffire à expliquer le changement de système, d'autant que, rappelons-le, les lettrés lolos sont peu nombreux. Il me paraît donc probable que c'est l'écriture horizontale qui a été la première en date.

Parmi les peuples dont la proximité avec les Lolos était plus immédiate, avant que les progrès de la pénétration chinoise soient venus les séparer, les Tibétains et les Thaï ont tous deux des écritures horizontales. Il est vrai, tandis que les Lolos emploient des caractères et vont de droite à gauche, ces écritures sont alphabétiques et vont de gauche à droite ; mais, sans qu'elles aient précisément engendré l'écriture lolo, l'aspect de

livres ou d'inscriptions à lignes horizontales a pu inspirer ceux
qui, les premiers, ont tracé les caractères lolos. Il faut observer
également que l'écriture horizontale tibétaine est toujours usitée
dans le voisinage des tribus lolos à écriture horizontale, tandis
qu'elle est inconnue de la plupart des tribus à écriture verticale,
au voisinage desquelles l'écriture thaï a disparu, et qui n'ont
par conséquent plus aucun modèle d'écriture horizontale sous les
yeux, ce qui explique d'autant mieux qu'ils aient fini par adopter
la disposition chinoise.

**

Assurément, ces problèmes ne peuvent se résoudre d'après
de simples vraisemblances, et, tant qu'ils ne seront pas résolus,
toute théorie sur la formation de cette écriture sera évidemment
aventurée. M. Vial admet que, aujourd'hui phonétique, elle a été
idéographique à l'origine, et il donne en exemple certains
caractères dont l'aspect a quelque rapport avec l'une des idées
qu'ils signifient dans sa tribu. Mais ce rapport est plus ou moins
arbitraire, et si on songe que le même caractère change
complètement de sens suivant les tribus, il est difficile d'attribuer
une signification à ces rencontres ; tout au moins faudrait-il en
avoir établi des séries nombreuses. Quoi qu'il en ait été à
l'origine, l'écriture aujourd'hui est nettement *phonétique* et
syllabique.

La langue étant polysyllabique, du moins sous sa forme
actuelle (voir l'Index spécial des mots polysyllabiques), plusieurs
caractères sont souvent nécessaires pour représenter un mot ;
mais chacun de ces caractères ayant, pris isolément, une ou plusieurs significations, — car les monosyllabes sont très nombreux,
— on ne sait, en lisant un texte, si tel caractère doit se prendre
isolément ou réuni à ceux qui le précèdent ou le suivent. Ajoutez
à cela que beaucoup de caractères sont homophones et peuvent
s'employer les uns pour les autres, si bien que le même mot se

trouve présenté sous plusieurs aspects absolument dissemblables. Ces libertés se constatent sous le pinceau du même écrivain ; à plus forte raison sont-elles fréquentes quand il s'agit de lettrés différents et appartenant à plusieurs tribus.

Les tribus n'ont pas toutes exactement les mêmes caractères ; quelques-uns diffèrent assez, d'une tribu à l'autre, pour ne pouvoir être identifiés ; de plus, je l'ai indiqué, certaines tribus ont des caractères infiniment plus nombreux que les autres et inconnus d'elles ; les caractères homophones sont employés les uns pour les autres ; enfin, la langue elle-même étant loin d'être partout identique, ce sont forcément des caractères différents qui représenteront la même idée lorsqu'elle se traduit par des mots dissemblables, et au contraire des caractères identiques auront des sons et des sens différents. Bref, c'est le chaos.

Aussi, à mon avis, il est et restera impossible d'établir un véritable dictionnaire de l'écriture lolo en général, qui permette de déchiffrer tous les livres ou d'écrire de manière à être compris de tous les lettrés. J'ai demandé à plusieurs *pimos*, en des localités diverses, de m'expliquer les textes publiés et traduits par l'abbé Vial : les uns m'en ont fourni trois interprétations parfaitement différentes et de chacune des autres et de celle de M. Vial ; les autres, bien que bons lettrés, n'ont pu les déchiffrer, ne reconnaissant pas les caractères. Il a manqué à ce peuple intéressant une Académie pour fixer des lois à sa langue d'abord, à son écriture ensuite. Il faut souhaiter que ces lois naissent de l'essai d'enseignement officiel dont j'ai parlé plus haut.

Les trente-deux volumes que nous rapportons serviront tout au moins à montrer la diversité des caractères et des procédés d'écriture (1). On en trouvera reproduits ici quatre spécimens.

Le premier appartient au système horizontal, dont nous avons 19 exemplaires provenant tous du pays des Lolos indé-

(1) Ils sont tous à la disposition du public à la Bibliothèque Nationale, ainsi que nos estampages d'inscriptions.

pendants. Ces livres, dont les feuilles sont, soit cousues par leur
bord supérieur, soit, plus souvent, collées par le même bord
autour d'une baguette mince (Pl. VI, p. 32), sont, pour la lecture,
tenus la baguette en haut et horizontale; les pages sont plus
longues que larges et on les tourne de bas en haut. Généralement
les feuilles sont simples et le verso, par suite de sa transparence,
reste inutilisé. Parfois cependant il est fait usage de feuilles
doubles; dans ce cas, le verso de l'une et le recto de l'autre sont
employés tous deux.

Je donne également une double page de l'unique volume
imprimé (Pl. VII, p. 206). Celui-ci est composé des mêmes caractères que les précédents, mais couchés à 90 degrés et lus verticalement. Le prince Len, qui l'a fait graver, résidant non dans le
pays indépendant, mais sur le territoire chinois contigu — ses
deux résidences principales sont à Ngan long tch'ang, à 30 kilomètres au nord de Ning yuan fou (Sseu tch'ouan) et à Ta tien pa,
à 175 kilomètres plus au nord-nord-est — c'est peut-être à l'imitation plus ou moins volontaire des Chinois qu'est due cette
différence avec le procédé des Indépendants voisins. Ce livre doit
être tenu le dos perpendiculaire au corps; les pages se tournent
de droite à gauche, comme les nôtres (1).

Nos douze autres volumes proviennent de régions variées
du Kouei tcheou, du Yun nan et du Sseu tch'ouan, toutes sou-
mises plus ou moins complètement à l'autorité chinoise (2). Ces
volumes se lisent verticalement comme le précédent. Ils se présentent sous deux aspects : soit reliés en peau, comme nos livres,

(1) L'inscription gravée en argent sur le fourreau de l'épée de ce prince — épée
qui lui vient de ses ancêtres — est verticale ou horizontale suivant la position du
sabre. Je ne l'ai présentée verticalement que pour une raison d'esthétique, et je ne sais
si c'est ainsi qu'elle eût été lue par les précédents possesseurs de cette arme héré-
ditaire.

(2) Ils proviennent : 1 de Pou cha tang (Yun nan septentrional), 9 des environs de
Yi wo fong (frontière du Yun nan et du Kouei tcheou), 1 de Fan tcheou (Yun nan, au
sud du grand coude du Fleuve Bleu), et 1 de Li tsi tcheou (Sseu tch'ouan, de l'autre
côté du fleuve).

soit roulés, cousus à une enveloppe d'étoffe que serre une ficelle. En général, ces volumes ont les pages plus larges que hautes, comme les livres du Pays indépendant, — lorsque, bien entendu, on couche ceux-ci à 90 degrés ; — cependant, quelques-uns sont, comme les nôtres, plus hauts que larges : je donne comme spécimen de ce genre une double page du plus beau livre lolo que j'aie pu voir (Pl. VIII, p. 135). Il provient des environs de Pou cha tang, au sud de Tchen hiong (Yun nan septentrional). Son acquisition a demandé neuf jours des négociations les plus fécondes en incidents comiques et même dramatiques qu'on puisse imaginer. Je donne également un spécimen d'un volume provenant des environs de Yi wo fong (frontière du Yun nan et du Kouei tcheou), obtenu par l'obligeant intermédiaire du R. Père Taponnier ; bien qu'il n'y ait guère que 150 kilomètres entre Yi wo fong et la résidence de l'abbé Vial, il est aisé de constater des différences avec les caractères indiqués par ce dernier dans son Dictionnaire, différences que montrent progressivement accentuées, à mesure qu'on s'éloigne, notre Dictionnaire de Wei-ning, puis le manuscrit de Pou cha tang, et enfin les documents issus du Pays indépendant.

*
* *

L'étude de l'écriture lolo ne peut donc conduire au déchiffrement certain de tous les documents, ni même peut-être d'un seul. Faut-il en conclure que cette étude est inutile ? Je ne le crois pas.

Tout d'abord, le phénomène qu'une écriture spéciale a été inventée par un peuple vaut par lui-même qu'on l'examine avec soin, et les données qu'on peut espérer en tirer sur l'origine de la race, ses parentés, celles de sa civilisation, sur le mode de formation de sa pensée, etc., sont du plus haut intérêt.

Mais, au point de vue même de la langue, la connaissance de l'écriture est essentielle. Les altérations de sons dans le langage sont fréquentes, de sorte qu'on ne peut reconnaître la parenté de deux mots du même idiome : les caractères nous la révèlent immédiatement ; par eux également on constatera que tel mot est composé de deux ou plusieurs autres, ou qu'au contraire il est réellement polysyllabique, et que l'homophonie est souvent trompeuse. Avant de définir à quelle famille appartient la langue lolo et quelles sont ses lois, je considère comme indispensable de connaître son écriture ; et puisque aucun dictionnaire unique ne sera, pour les raisons énoncées plus haut, pleinement satisfaisant, il convient d'en constituer une série d'où l'unité première finira peut-être par se dégager.

En présentant nos trois dictionnaires, nous n'avons donc pas la prétention d'apporter la clé magique qui permettra de mettre au jour les secrets renfermés dans la littérature lolo ; cette clé n'existe pas, et les Lolos n'auront pas leur Champollion. Mais notre espoir, beaucoup plus modeste, est de fournir une base plus solide à l'étude de la langue, de sa formation et de tous les problèmes que pose la civilisation des Lolos.

On trouvera en tête du Dictionnaire des caractères Miao tseu les considérations relatives à cette écriture.

Quant aux inscriptions en caractères inconnus que nous avons découvertes à Tien to chan (Sseu tch'ouan) et au Rocher Rouge (Kouei tcheou), il nous a paru inutile de les *reproduire* dans ce volume consacré à l'*interprétation* des écritures non chinoises ; nous ne savons même si elles sont chinoises ou non. On les trouvera dans les tomes II et III, *Stèles et Inscriptions rupestres*, et V, *Textes historiques concernant les populations non chinoises de la Chine*. Mais il ne faut pas perdre de vue, dans l'étude des écritures ici présentées, l'existence de ces inscriptions assurément très anciennes, vestiges d'autres systèmes disparus ou transformés.

QUATRE INSCRIPTIONS LOLO

Pl. II

Inscription rupestre en écriture *Ts'ouan* ou lolo
à Tsan Tseu Ngai, près Lou K'iuan Hien.
1533 (?)

Pl. III

Stèle funéraire sino-lolo du seigneur indigène Fong Tchao,
à Fa Yi Ts'eu, près Lou K'iuan Hien.
1534.

Pl. IV

Inscription funéraire sino-lolo du seigneur aborigène Ngan
à Yang Kai Tseu, près Wei Ning Tcheou
1764

Pl. V

Inscription rupestre en lolo, à Fan Tcheou, près Ma Kai.
1860 (?).

Dictionnaire

des caractères Lolo

employés dans le Pays Indépendant

près de Kang siang ying

4

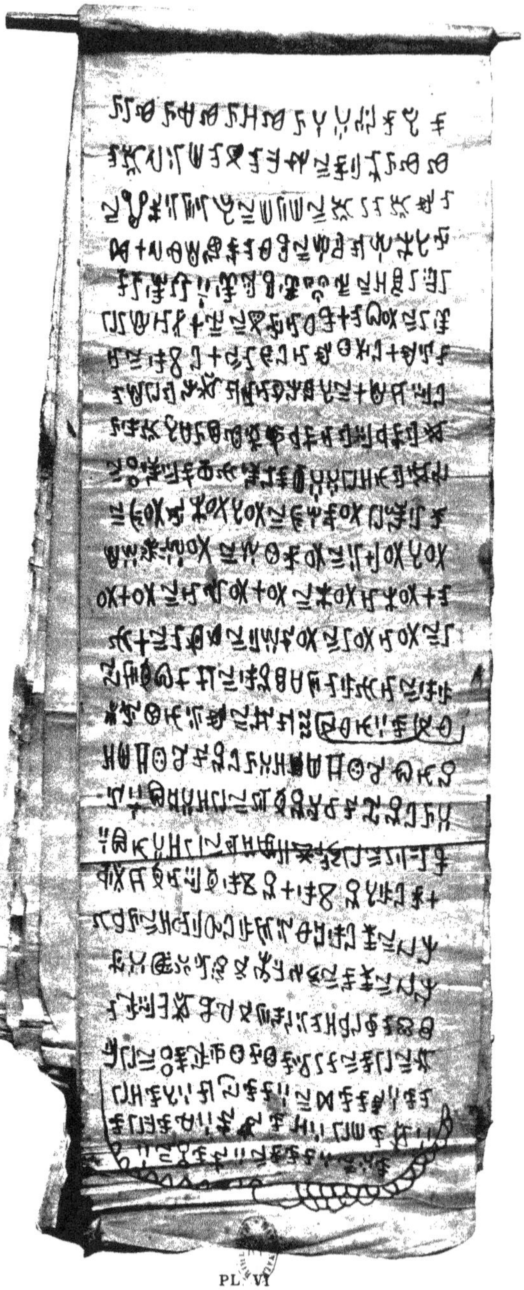

PL. VI

LIVRE LOLO DU PAYS INDÉPENDANT

SYSTÈME HORIZONTAL

NOTES ET OBSERVATIONS

Ce Dictionnaire a été composé de la façon suivante :

Le *pimo* de Kang siang ying (1) écrivait à sa guise les caractères tels qu'ils lui venaient à l'esprit ; puis il venait m'apporter
son travail et m'expliquer le son et les sens des caractères tracés,
que je notais au-dessous de chacun d'eux : les tableaux repro-
duisent exactement ces documents, les pages de caractères écrits
par le pimo ayant été photographiées sans aucune retouche (2).

C'est cette méthode qui explique l'apparente fantaisie qu'on
remarque dans la suite des caractères : tantôt le pimo suivait une
idée logique, comme lorsqu'il énumère tout ce qui a trait à
l'alimentation ou au vêtement ; tantôt tel caractère lui en suggérait
un autre, semblable ou dérivé. Tel quel, ce document sans apprêt
est aussi intéressant pour la psychologie du Lolo que pour l'étude
des formes graphiques. Il fournit lui-même la preuve de son
exactitude, le même caractère revenant plusieurs fois avec le
même son, quelquefois légèrement altéré — j'ai respecté ces
altérations, — quelquefois avec des sens différents, mais tous
exacts ainsi que le montrent en d'autres endroits des mots
composés.

(1) Kang siang ying est un village chinois, occupé par une garnison, sur la frontière
même du Pays indépendant. Il est entouré de hameaux lolos, dans l'un desquels habi-
tait notre *pimo*.

(2) Le soin nécessaire pour faire préciser les sons, souvent fort indistincts, et
surtout le sens, demande un temps considérable. L'établissement de ce dictionnaire
succinct a exigé quinze journées de travail assidu, fort difficiles à obtenir d'un Lolo.

Les tableaux 34-46 sont particulièrement curieux. Ils présentent 24 caractères dont chacun peut être employé sous 24 formes différentes, où pourtant le type originel peut le plus souvent être retrouvé. Dans l'embarras de numéroter ces caractères qui ne sont pas précisément nouveaux, puisque nous sommes avertis qu'ils ne sont que des variétés du même type, et auxquels on ne peut affecter des indices trop compliqués, j'ai préféré les laisser en dehors de toute classification : je ne les ai pas envisagés dans l'établissement des tableaux par clefs qu'on trouvera plus loin. Il est vraisemblable cependant qu'une particularité si remarquable fournira aux spécialistes de précieuses indications sur la formation de cette écriture.

Les indications qui suivent faciliteront l'usage de ces tableaux.

---

1. — Lire ces tableaux de droite à gauche, comme ils ont été écrits. Le son et le sens de chaque caractère étant placés exactement au-dessous, il en résulte que les syllabes lolos ou les mots français, bien qu'*écrits de gauche à droite*, sont également *disposés de droite à gauche*, et que si on veut les écrire dans notre système il faudra renverser leur ordre. Exemple : tableau 4, les caractères 152-151 qui, lus à notre manière, donneraient « *Dzeu tcheu* = manger riz », doivent être lus « *Tcheu dzeu* = riz manger », ce qui donne la prononciation et la vraie construction lolo.

2. — Les caractères ont reçu des numéros pour pouvoir être comptés et retrouvés. Seuls ont un numéro ceux qui paraissent pour la première fois ; quand, dans une suite de caractères, l'un a un numéro plus faible que le précédent, c'est qu'il a figuré déjà au rang qu'indique son chiffre. Exemple : tableau 2, entre 60 et 61, on trouve 29, c'est que ce caractère se trouve déjà au n° 29.

3. — Le numéro *bis* placé sous un autre chiffre signifie que le caractère, tout en étant nouveau et ayant droit à son numéro propre, est étroitement apparenté à un autre déjà vu, dont il n'est qu'une autre forme. Exemple :

tableau 3, 99-20bis signifie que 99 est une variante de 20. Un Index spécial indique tous les caractères présentant cette particularité très intéressante, qui permet d'observer les procédés d'altération des formes-types.

4. — Tous les *mots* lolos ont été séparés les uns des autres, par le *pimo* lui-même, d'un trait vertical. Chaque caractère devant nécessairement correspondre à une syllabe, toutes les fois qu'une seule syllabe lolo se trouvera placée sous plusieurs caractères d'un même compartiment, c'est que tous ces caractères se prononcent et se traduisent de même, et que le *pimo* a volontairement réuni ces signes homophones et synonymes. Exemple : tableau 1, les caractères 1 et 2 se lisent tous deux « *ma* », les caractères 3, 4, 5, 6, signifient chacun « *lou* = dragon ».

5. — C'est intentionnellement que les différences dans la notation du son d'un même caractère revenant plusieurs fois ont été reproduites telles qu'elles ont été écrites. Ces différences correspondent souvent à une très légère variation dans l'audition du son; quand même il n'y en a aucune, il serait téméraire d'établir dès à présent une orthographe définitive. Exemple : tableau 1, n°ˢ 17, 18, 19 « *hm(ou)* = cheval » ; tableau 4, n°ˢ 162, 134, 18, 17, 19, « *m'* = cheval ».

6. — Il n'est que trop vraisemblable que des fautes de son ou de sens aient pu se glisser dans ce travail. Mais en le comparant à celui de Mgr de Guébriant, on trouvera le plus souvent une similitude qui est une garantie d'exactitude générale. On ne devra pas prendre forcément pour des erreurs, dues à quelque malentendu, les différences observées soit dans les caractères correspondant à un même son ou à un même sens, soit dans les sons et les sens divers attribués à un même caractère. Nombreux sont les caractères qui correspondent a un même son, bien qu'avec des sens différents, et qui peuvent, parfois, s'employer l'un pour l'autre, licence d'autant plus fréquente que l'écrivain connaît moins de caractères, ou s'en tient à ceux qui lui sont familiers. Deux index (p. 198 et 200) signalent ces caractères. Quant aux sons, ils varient souvent, pour le même sens, suivant que le mot est employé de telle ou telle façon.

Ces variations ne sont donc pas des lapsus. Elles doivent donner lieu, pour qui étudiera cette écriture, à des remarques nombreuses, qu'il ne rentre nullement dans notre cadre de présenter. Cependant, à titre d'exemple, je vais en citer quelques-unes ; tableau 7 (nombres ordinaux) :

a) *Nié*, particule numérale ordinale, se présente sous trois formes différentes dans : premier, deuxième, troisième. La forme employée dans 2ᵉ l'est
également dans 22ᵉ (avec omission d'un croissant). Le caractère usuel pour
la particule ordinale étant le même que celui qui signifie *deux*, il est très
probable qu'on a intentionnellement désiré ne pas le répéter dans ces
deux mots.

b) Les divers caractères employés pour *un* (tableau 1) ne se retrouvent
pas dans *onze*, qui comprend tantôt le caractère *tse* = envoyer (tableaux 5
et 9), tantôt le caractère *tse* = articuler (tableau 9).

c) Le caractère ordinaire *dix* est remplacé par un autre dans les mots
treize et *dix-neuf*, et par un troisième dans *vingt* et ses composés.

d) Au mot *vingt-troisième* le caractère *trois* a une cravate pareille à
celle du caractère *deux*, mais qu'on ne trouve pas ailleurs.

e) Au mot *vingt-quatrième* le caractère *quatre* a un trait vertical
coupant symétriquement le Z couché, tandis qu'au mot *quatrième* ce trait
n'existe que dans sa partie inférieure.

f) Au mot *vingt-cinquième* on trouve une nouvelle forme pour *cinq*; les
deux formes s'emploient aussi pour signifier : je, moi.

g) Le caractère employé ordinairement pour dix se prononce *tsi* quand
il signifie *dix*, mais *tse* ou *tsié* dans « ici » (tableau 27).

h) Le caractère 136 se prononce *hleu* dans mois, et *hlo* dans lune
(tableau 15).

7. — Dès le premier regard, bien que les monosyllabes soient en majo-
rité, on distinguera de nombreux mots polysyllabiques. Plusieurs apparaî-
tront comme de simples composés. Exemple : tableau 15, *hlobo*, lune, se
compose de *hlo*, mois (tableau 8), et de *bo*, lumière (tableau 9) : lumière du
mois (1). Mais il nous a été, pour un grand nombre, impossible de trouver
les composants, et il nous semble bien que ce soient de véritables poly-
syllabes.

Cependant il est difficile de se montrer affirmatif, car le même caractère
a souvent de nombreuses significations, que le *pimo* ne m'a pas fait toutes
connaître, et ce sont peut-être ces significations non notées qui donneraient

---

(1) A remarquer d'ailleurs, tableau 7, que le mois lolo a trente jours, ce qui n'équivaut
pas au mois lunaire.

la formation du prétendu polysyllabe. C'est ainsi que le caractère 157 donné
au tableau 9 comme signifiant « lumière » est donné d'abord (tableau 4)
comme signifiant « posséder », ce qui n'aurait pas permis de décomposer
hlobo.

8. — Notons d'ailleurs que le caractère 136 qui est constamment
employé pour représenter le son *hlo* (tableau 7) ou *hleu* (tableaux 7, 8, 10,
15, etc.), et cela aussi bien dans le Dictionnaire de Kiao kio (voir tableau A,
n° 3) que dans celui de Kang siang ying, apparaît cependant la première fois,
dans un mot polysyllabique, avec le son *che*.

Cette anomalie est difficile à expliquer autrement que par une erreur,
car la nature de l'écriture phonétique permet d'accorder à un caractère
plusieurs sens, mais non plusieurs sons.

Elle n'est pas la seule :

Le caractère 29 qui, au tableau 2, signifie *su* ou *seu* = sang, — de
même que d'autres caractères pour lesquels ce son *seu* n'est pas douteux, —
partout ailleurs (tableaux 1, 4 en deux endroits, etc.) se prononce *keu* ou
kheuh et signifie nuit ou chien.

Le caractère 19 se prononce *hm(ou)* au tableau 1 et *nio* au tableau 28
(mon manuscrit porte bien *nio* à deux reprises et non *m'o*, ce qui lèverait la
difficulté).

Le caractère 40 au tableau 1 signifie *kè* = lièvre, et au tableau 23
signifie *ta* = petit pot ; même prononciation *ta* au tableau 16.

Le caractère 267 au tableau 11 se lit *dié* et *gouah*.

Le caractère 348 se lit *'nda* au tableau 16 et *houo* au tableau 19.

Il ne serait pas impossible — si l'hypothèse admissible d'erreurs est
écartée — qu'il n'y eût là des vestiges de formes anciennes, conservées dans
certains mots, alors que dans d'autres des prononciations nouvelles s'y sont
substituées.

1

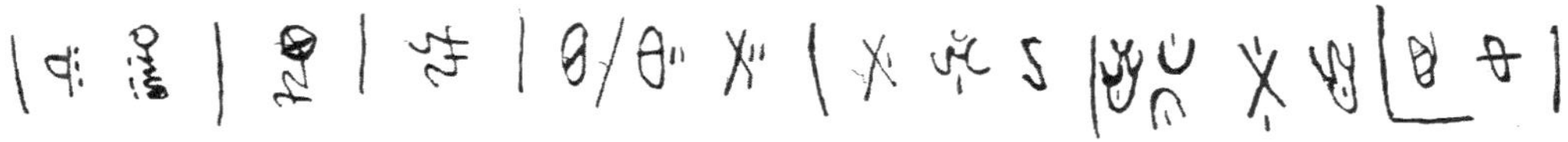

16 — 15 — 14 — 13 — 12 — 11 — 10 — 9 — 8 — 7 — 6 — 5 — 4 — 3 — 2 — 1
3 bis

- 1. *ma* — désinence numérale sans signification
- 4. *lou* — dragon
- 8. *tsé, tse* — un
- 10. *piëh* — fièvre
- 12. *pih* — en faire accroire
- 13. *hnà* — maladie être malade
- 14. *ngou* — froid
- 16. *ch(l)à* — élégant (bien habillé)

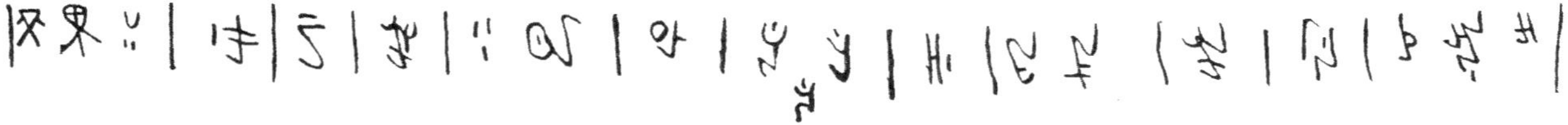

36 — 35 — 34 — 33 — 32 — 31 — 30 — 29 — 28 — 27 — 26 — 25 — 24 — 23 — 22 — 21 — 20 — 19 — 18 — 17
27 ter 27 bis

- 17. *hm (ou)* — cheval
- 20. *n(g)le* — bétail
- 21. *tcheü* — chèvre
- 22. *you* — mouton brebis
- 24. *nio, niu* — buffle et bœuf en général
- 25. *ri ou rouo* — cochon
- 28. *va* — coq
- 29. *khè* — chien
- 31. *kheüh* — nuit
- 32. *tih* — matin avant le jour
- 33. *tiu* — répondre
- 34. *meu* — terre champ

53 — 52 — 51 — 50 — 49 — 48 — 47 — 46 — 45 — 44 — 43 — 42 — 41 — 40 — 39 — 38 — 37

- 37. *niou* — singe
- 39. *[gj(ou)eu]* — ours
- 40. *kè* — lièvre
- 41. *tsi* — tomber et dix
- 42. *tsih* — sel
- 43. *dzi* — piment
- 44. *hii (ou hiè)* — maison fumée (de tabac)
- 47. *rah* — derrière
- 49. *rreu* — ramasser
- 50. *bbò* — aile
- 52. *bieuh* — donner
- 53. *tchà* — mordre

N°	Translittération	Signification
63	*chié*	fil
62		
61	*su ou seu*	sang
29		
60	*hi*	flèche
59	*houòh*	arc
58	*h'ouh*	corne
57	*gouh*	dépoli
56	*guièh*	déraciner
55	*dzié*	hacher en petits morceaux
54	*zièh*	employer se servir de

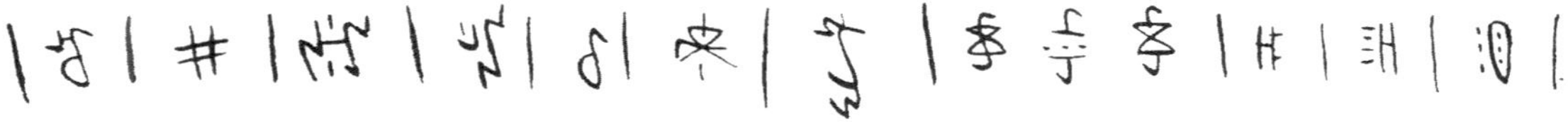

N°	Translittération	Signification
76	*guia*	flamber, abeille
75	*gui(é)*	abeille
74	*tia*	laisser
73	*pseu*	faible
72	*pseü*	fendre
71	*tcheuh*	se remarier
70	*pou*	délier
69		
68 / 69 ter	*lée*	se lever d'un siège ou de terre
67 / 69 bis		
66	*zeü*	panthère
65	*h'là*	léopard
64	*hié*	aiguille

N°	Translittération	Signification
88	*nzou*	plumet ou aigrette ou corne du turban lolo
87	*(r)h'e*	fort
86	*njé*	saluer pour partir prendre congé
85	*nouh*	mou
84	*mbuoh*	se promener
83	*seu*	raconter
82	*rouòh*	bouillir
81		
80	*ngui*	percer
79	*ch'oue*	blessure
78	*lse*	cerf
77	*Sooh*	Chinois

No.	Transcription	Sens
89	kiou	épervier
90, 91	tsiu	tromper
92, 93	sou	(?)
94	lié	tourner les pages d'un livre
95	ti	enfoncer
96	ta	déposer, poser
97	ka	épousseter
98	tcheu	doux, sucré
99 (99 bis)	hle	lancer
100	hra	faisan
101		
102		coq de bruyères (?)
103	chou	
104	chò	se souvenir
105	kouò	écuelle
106	kou(ò)	année
107, 108	tcheu	couper
109, 110	pou	mâle (comme pa)
111	dzeu	monter
112 (112 bis)		
113, 114	dzeü	bruyant
115	ndi	ôter, mettre une coiffure
116	ndi a	
117, 118, 119	du	pousser
120	du	avare
121	mboue	bon
122, 123 (123 bis)	poh	ouvrir
124	gouh	mesurer
125	kiée	s'occuper de
126		
127	hè	rat
128	kouò	année
129, 130, 131	hi	nombril
132	zou	farine
133	zè	brûler

3

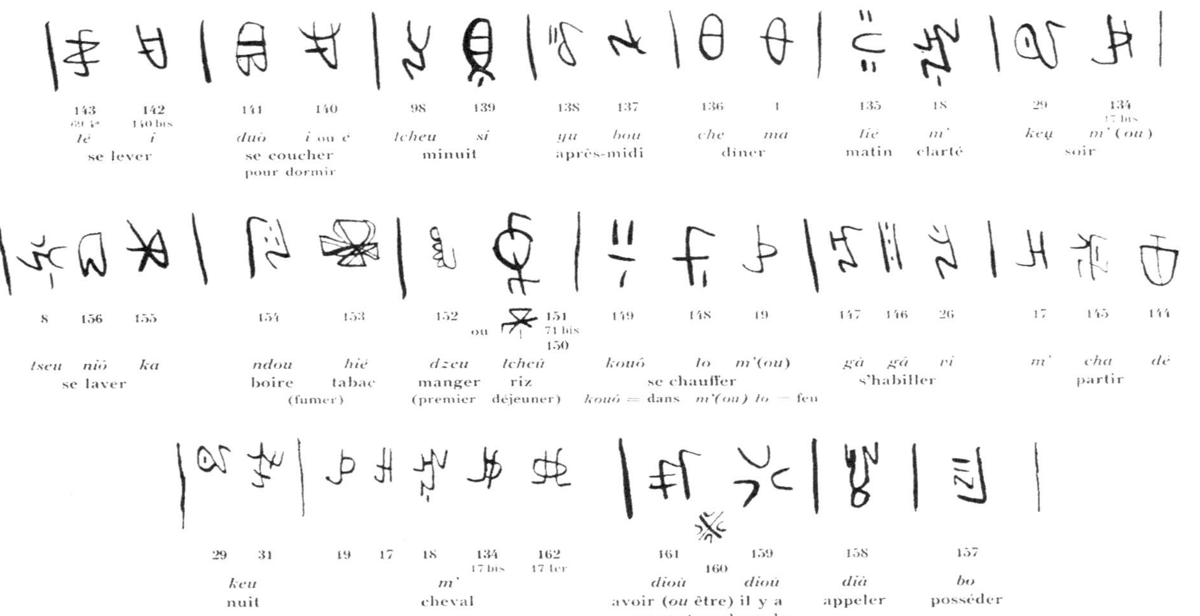

143 (29 bis)	142 (140 bis)	141	140	98	139	138	137	136	1	135	18	29	134 (17 bis)
té	*i*	*duò*	*i ou è*	*tcheu*	*si*	*yu*	*bou*	*che*	*ma*	*lie*	*m'*	*keu*	*m' (ou)*
se lever	se coucher pour dormir			minuit		après-midi		diner		matin	clarté		soir

8	156	155	154	153	152	151 71 bis 150	149	148	19	147	146	26	17	145	144
tseu	*niö*	*ka*	*ndou*	*hié*	*dzeu*	*tcheù*	*kouó*	*lo*	*m'(ou)*	*gà*	*gá*	*ri*	*m'*	*cha*	*dé*
se laver			boire	tabac (fumer)	manger	riz (premier déjeuner)	se chauffer *kouó* = dans *m'(ou) lo* — feu			s'habiller				partir	

29	31	19	17	18	134 (17 bis)	162 (17 ter)	161	160	159	158	157
keu				*m'*			*dioù*		*dioù*	*dià*	*bo*
nuit				cheval			avoir (*ou* être) il y a on peut employer les deux mots ou un seul			appeler	posséder

173	172	171	170	169 (167 bis)	168	167	166	165	164	163
pouoh	*jeu*	*pueu*	*kè*	*diu*		*ndié*		*yé*	*mbuoh*	*Né*
servante	scier	porter sur le dos	casser	serf *ou* blanc		se disputer (un objet)		envoyer	milieu	Barbare (non Chinois)

182	181	180	179	178	177	176	175	174
gueu	*t'so*	*pà*	*njeu*	*nzeu*	*fô*	*hem'*	*tchoùe lzou*	*doh*
entendre	enfoncer	pondre	prêter	savoir	ne pas concerner quelqu'un	queue	chanvre	grimper

192	191	190	189	188	187	186	185	184	183
pa	*o*	*ngou*	*m'*	*vo*	*tsò*	*pò*	*cha*	*tchi*	*tche*
grenouille (mâle)		aimer	chanvre	enragé (*ou* furieux)	nœud	prêter à intérêt	laine	vernir	se pendre

167	141	197	14	154	196	195	194	193
ndi	*djouo*	*yu*	*ngou*	*ndou*	*lou*	*puh*	*ia*	*kouo*
niveler la terre	droit	empoigner saisir	bras	boire	main	égal	partager	méchant

45 206	205	204	203	202	201	200	199	198
hié njeu	*keu*	*bi*	*ché*	*tsiu*	*mba*	*chi*	*n'é*	*da*
fumée alcool s'enivrer	calmer apaiser	sortir	dot	retirer	s'infiltrer	fil	toi, tu	grandir

213 24 156	117	212	211	210	209	208	207	206	154 206
niu	*du*	*zjeu*	*ndé*	*lje*	*tseu*	*jueù*	*gouo*	*njeu*	*ndou njeu*
bœuf en général	pousser	(un gros arbre de nom inconnu)	gros	jouer aux dés	boucher (mettre un bouchon)	enrouler	menacer	alcool	boire de l'alcool

7

NOMBRES ORDINAUX

code	transcription	ordinal
214 41	nié tsi	dixième
214 222	nié gou	neuvième
214 129	nié hi	huitième
214 221	nié che	septième
214 220	nié hou	sixième
214 219	nié ngue	cinquième
214 218	nié lleu	quatrième
217 / 213 bis 216	nié so	troisième
215 214	nié nié	deuxième (ou le deux du mois)
214 7	nié tsé	particule ordinale — un, premier

code	transcription	ordinal
214 221 41	nié che tsi	dix-septième
214 ter 220 41	nié hou tsi	seizième
214 219 41	nié ngue tsi	quinzième
214 225 / 218 bis 41	nié lleu tsi	quatorzième
214 216 224	nié so tsi	treizième
215 214 41	nié nié tsi	douzième
214 223 41	nié tsé tsi	onzième

code	transcription	ordinal
214 226 90 214	nié so tsi nié	vingt-troisième
215 bis 214 90 214	nié nié tsi nié	vingt-deuxième
214 7 90 214	nié tsé tsi nié	vingt et unième
214 90 214	nié tsi nié	vingtième
214 222 224	nié gou tsi	dix-neuvième
214 129 41	nié hi tsi	dix-huitième

code	transcription	ordinal
136 228 7 214 41 216	hleu bou tse ni tsi so	[un mois] trentième ou le 30
214 222 90 214	nié gou tsi nié	vingt-neuvième
214 128 90 214	nié hi tsi nié	vingt-huitième
214 221 90 214	nié che tsi nié	vingt-septième
214 220 90 214	nié hou tsi nié	vingt-sixième
214 220 90 214	nié ngue tsi nié	vingt-cinquième
214 218 bis 90 214	nié lleu tsi nié	vingt-quatrième

8

LES DOUZE ANIMAUX CYCLIQUES

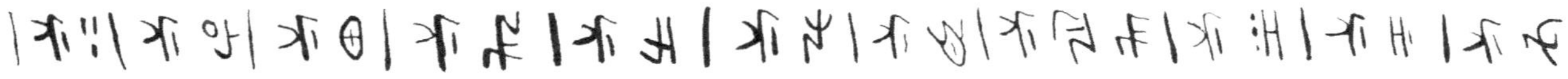

214 30	214 28	214 37	214 231 (22 bis)	214 17	214 230	214 3	214 99 (20 bis) 40	214 229 (65 bis)	214 24	214 127
nié kè	nié ra	nié nieu	nié you	nié m'ou	nié che	nié lou	nié hle keu	nié la	nié niu	nié hè
(jour du) chien	(jour du) coq	(jour du) singe	(jour du) mouton	(jour du) cheval	(jour du) serpent	(jour du) dragon	(jour du) lièvre	(jour du) tigre	(jour du) bœuf	particule ordinale — jour du rat

136 28	136 37	136 22	136 17	136 230	136 3	136 20 40	136 132 (66 ter)	136 24	136 127	214 127	214 27
hlo ra	hlo nieu	hlo you	hlo m'ou	hlo che	hlo lou	hlo leu keu	hlo la	hlo niu	hteu hè ou hlo	nié hè	nié vou
mois coq	mois singe	mois mouton	mois cheval	mois serpent	mois dragon	mois lièvre	mois tigre	mois bœuf	lune mois — rat	(jour du) rat	(jour du) cochon

106 22	106 17	106 230	106 4	106 99 (20 bis) 40	106 232 (65 ter)	106 24	106 127	136 127	136 226 (27 bis)	136 30
kouo you	kouo m'ou	kouo cheu	kouo lou	kouo leu keu	kouo la	kouo niu	kouo hè	hlo hè	hlo vou	hlo kè
année mouton	année cheval	année serpent	année dragon	année lièvre	année tigre	année bœuf	année rat	mois rat	mois cochon	mois chien

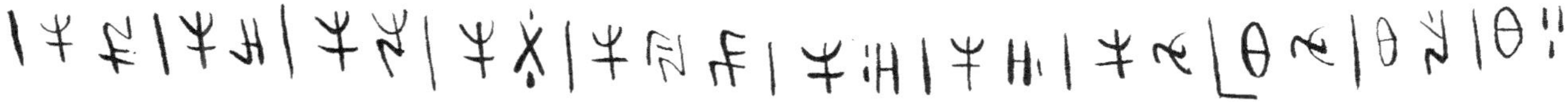

27	26 / 27 bis	25 / 27 ter	29	30	233 / 126 bis	127	105	128	106	106	127	106	26 / 27 bis	106	30	106	28	106	37
vi (ou *ro*) cochon	*këh* chien	*hè* rat		*kouo* année		*kouo* année	*hè* rat	*kouo rou* année cochon		*kouo kë* année chien		*kouo* année		*va* coq		*kouo* année		*nieu* singe	

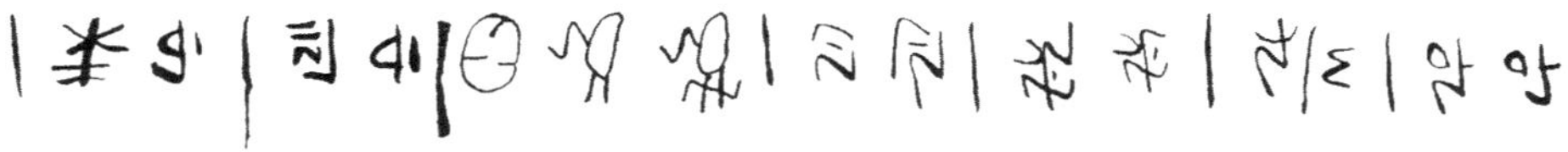

242	241	157	240	239	238	237	236 / 20 ter	99 / 20 bis	235 / 145 bis	145	230	221	234 / 28 bis	28
boh montagne		*bō* lumière		*tchou* ensemble			*hle* bétail		*ché* chercher		*cheu* conduire	*che* or et sept	*va* coq	

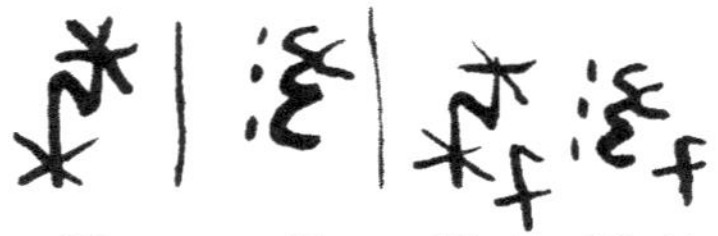

223	243	233	41	243	41
tse envoyer et un (dans onze)	*tsa* articuler prononcer ou *tse* sœur et un (dans onze)	*tse* onze	*tsi*	*tse* onze	*tsi*

10

MOIS ET ANNÉE

Row 1

136 228 222	136 228 129	136 228 221	136 228 220	136 228 227	136 228 225 / 218 bis	136 228 216	136 228 214	136 244	3
hleu bou gou	*hleu bou hi*	*hleu bou che*	*hleu bou hou*	*hleu bou ngue*	*hleu bou lleu*	*hleu bou so*	*hleu bou nié*	*hleu bou tse*	
mois neuf	mois huit	mois sept	mois six	mois cinq	mois quatre	mois trois	mois deux	mois un	

Row 2

136 228 221 41	136 228 246 41	136 228 219 41	136 228 225 / 218 bis 41	*so tsi* / *hleu bou*	106 3	136 228 216 41	136 245 / 244 bis 214 41	136 228 223 3	136 228 41
hleu bou che tsi	*hleu bou hou tsi*	*hleu bou ngue tsi*	*hleu bou lleu tsi*	treize mois	*kouo tse* un an	*hleu bou nié tsi*	*hleu bou tse tsi*	*hleu bou tsi*	
mois sept dix	mois seize	mois quinze	mois quatorze			mois douze	mois onze	mois dix	

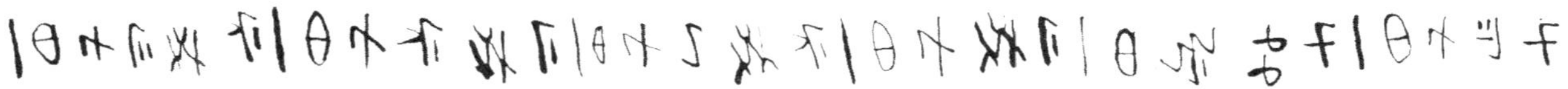

Row 3

136 228 216 90 214	136 228 214 90 214ter	136 228 3 90 214	136 228 90 214ter	136 244 222 41	136 228 129 41
hleu bou so tsi nié	*hleu bou nié tsi nié*	*hleu bou tse nié tsi*	*hleu bou tsi nié*	*hleu bou gou tsi*	*hleu bou hi tsi*
mois trois vingt	mois deux vingt	mois un vingt	mois vingt	mois neuf dix	mois huit dix

Row 4

136 228 41 216	136 228 222 90 214bis	136 228 129 90 214	136 228 220 90 214	136 228 220 90 214ter	136 228 219 90 214	136 228 225 / 218 bis 90 214
hleu bou *tsi so*	*hleu bou* *gou* *tsi nié*	*hleu bou* *hi* *tsi nié*	*hleu bou* *che* *tsi nié*	*hleu bou* *hou* *tsi nié*	*hleu bou* *ngue* *tsi nié*	*hleu bou* *lleu* *tsi nié*
mois trente	mois neuf vingt	mois huit vingt	mois sept vingt	mois six vingt	mois cinq vingt	mois quatre vingt

11

255 254   253   252   251   92 199   250 127   249 191   248 247

po sié   *tsa*   *ya*   *dzeu*   *so / seu / sou*   *No*   *ga*   *Hè*   *dzo*   *O*   *bsa*

maître, seigneur (chinois : *Hei-y*)   toucher   distribuer   tailler   Lolo   Chinois   Sifan   boue

266 265 (254 bis) 264   263   38   169 (167 bis)   262   261   260   259   258 (218 ter) 116   218 257 256

toh si vi   264 267 *vé dié*   *pueuh*   *goueuh*   *diu*   *louh*   *nga*   *siéh*   *djiuh*   *hl'(eu)*   *a*   *hleu*

« Salut, hôte »   gingembre   hacher   serf (chin. : *oualseu*) ou blanc (?)   main   moi   emporter un cadeau   bénéfice profit gain   saisir poser   ne pas   saisir, prendre

277 116   245 142 (140 bis) 276 275   274   273   272   271   270   269   268   267

jeuh a mo nze   *tse è*   *(d) jeuh*   *a nzo*   *nzo*   *tse*   *sié*   *chièh*   *lo*   *gouah*

grand ne pas prince / petit   grand   ignorance   connaissance être au courant   poumon   foie   cuirasse   entourer   courbe

12

ARMES ET GUERRE

45 225 218 bis	18 191	280 279	283 282 269 bis	41 244	281 280	269	147 279	147 278
hié li	*m'eu o*	*pou chi*	*tsa chia*	*tin bou*	*tseu po*	*chia*	*gâ che*	*gâ tó*
hausse-col	casque	jambières	ceinturon (serre-cuirasse)	queue de bœuf sauvage qu'on porte dans le dos	veste rembourrée	cuirasse	cuissards	bouclier

292 230	291 68 bis 290	230 289	79 288 187 bis	266 145	276 9	287 59 bis	150 71 bis 221 286 80	285 284
ga cheu	*teu mou*	*cheùh lé*	*cheh tsou*	*puah cha*	*mo tse*	*hou*	*tcha che ndié*	*tchouô nié*
se préparer à la guerre	guerre	fusil à cartouche	mèche pour le fusil	balle projectile pour fusil	poudre	arc	épieux (2 caractères) fusil à (à volonté) mèche lance	

300 74 bis	299	250	298	297 234 28 bis	214 296	32 295	258 218 ter 294	293 277	250 276
tià	*mbiè*	*ngue*	*si*	*hoh vou*	*niá ndiu*	*tè dji*	*ll'e dzi*	*tsa je*	*ngue mo*
tirer à l'arc lancer des flèches	tuer				causer s'accorder ètre d'accord s'entendre	rester groupé	plan	se rassembler	délibérer

13

Row 1

- 308 — *où* — pointe
- 307 — *mi* — faim / avoir faim
- 306 — *ngo* — creux / de l'estomac
- 305 — *nze* — mordre / arracher / avec les dents
- 304 — *so* — rappeler
- 303 — *ndié* — racine
- 302 — *tseh* — exciter / (contre quelqu'un)
- 301 — *tu* — s'arrêter

Row 2

- 316 / 116 — *li* / *a* — se fatiguer / travailler
- 316 — *li* — se reposer
- 315 (140 ter) — *i* — dormir
- 314 — *chi* — arriver
- 313 (230 bis) — *che* — conduire
- 312 — *'rah* — rocher
- 311 — *hli* — sécher
- 310 — *lou* — grand tonneau / pour récolter le riz
- 309 — *toù* — monter

Row 3

- 136 — *hle* — mois
- 95 — *nti* — couleur rouge (teinture)
- 192 — *pa* — changer de place (et mâle après un nom d'animal)
- 223 — *tse* — envoyer (et un dans onze)
- 175 — *tzou* — chanvre
- 318 — *nbou* — regretter
- 264 — *vi* — loup
- 165 / 156 — *yé* / *niu* — lunette
- 317 — *jö* — sorte d'arbre

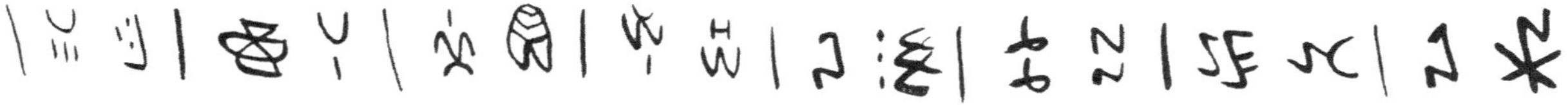

14

Row 1

326	325 289 bis	324	323	322 88 bis	196	321 89 bis	192	276	320 243 bis	222	131	290	264	276	319
keu	li	goù	se	goh	lo	tuó	pa	mo	tse	gou	hé	mo	ri	mo	yé
soc		charrue		herse		râteau		pioche		faucille		hache		sabre	

Row 2

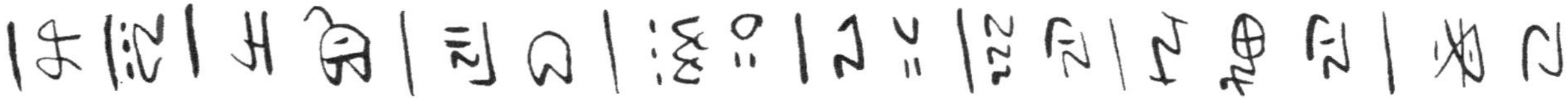

102	331	17	330 60 bis	157	156	320 243 bis	329 34 bis	276	34	210	99 20 bis	328	14	99 20 bis	96	327
soo	ga	m'	hi	bo	nio	tse	m'(eu)	mo	m'eu	tche	hleu	li	gou	len	ta	la
partir		absent		[travailler la terre]		piocher		labourer		timon		collier (en corde)			collier de bœuf (en bois?)	

Row 3

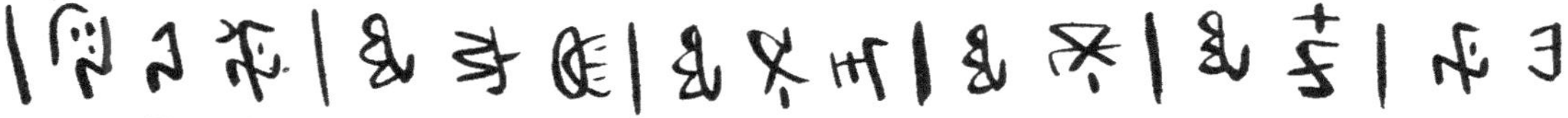

154	276	145	334 152 bis	177	335	334 152 bis	81	185	334 152 bis	150 71 bis	334 152 bis	333	49	332
ndou	mo	che	dze	fou	gue	dze	rou	cha	dze	(l)cheu	dze	dza	gueh	dji
boire	bouillie de sarrasin		[manger du pain]			[deuxième repas]			manger riz [premier déjeuner] (V. 4)		manger		réussir	

284	95	221	95	338 82 bis	95	337	95	336	95	34	276
ni	*li*	*che*	*li*	*ròh*	*li*	*noh*	*li*	*ppuh*	*li*	*meu*	*mo*
rouge	nuage ciel	d'or	nuage ciel	bleu	nuage (ciel bleu)	noir	nuage ciel	blanc argent	nuage (voûte céleste)		ciel

34	150 71 bis	341	34	76	28	340 101 bis	1	338 82 bis	17	157	136	228	339
m'(eu)	*tche*	*deu*	*m'(eu)*	*diè*	*vo*	*ha*	*ma*	*ròh*	*m'*	*bo*	*hlo*	*bou*	*ou*
rizière (terre | riz)		terre		neige		pluie		brouillard nuage		lune (lumière | mois)		soleil	

344	150 71 bis	62	150 71 bis	336	150 71 bis	192	343	279	241	324	76	342	222	34	167
dza	*tche*	*se*	*tche*	*puh*	*tche*	*pà*	*duo*	*ché*	*boh*	*go*	*diè*	*heu*	*gou*	*m'eu*	*diè*
manger	riz	grains de riz		riz sur pied (?) ou : riz blanc (?)		cour		versant		plaine (en bas des montagnes)		sommet	crête	champ sec (terre sec)	

276	290	185	346	345	329 34 bis	185	40	4	28	75	1	75	185	156	150 71 bis
mo	mou	cha	mi	ka	meü	cha	ta	eul	va	gui	ma	(n)guie	cha	niu	tche
gâteau (en général)			vermicelle autre espèce		vermicelle		sucre candi chinois : oua eul tang			canne à sucre		sucre		riz pour faire des gâteaux ou du vin	

349	287 59 bis	84	323	97	347	28	347	45	347	109	323	348	347
le	houo	nio	se	ka	se	vo	se	hie	se	'pou	se	'nda	se
prune		orange		letchi lidjeu		abricot		mei tse fruit (mot chinois)		chouan tcha (chin.)		poire	

No.	(var.)	Transcr.	Sens
320	242 bis	*tse*	articulation
203		*tse*	envoyer
355		*jjeu*	dents
354		*dje*	cigale
237			
353	238 bis	*tchou*	ensemble
239			
352		*nié* — *ou no*	mamelle et noir
337			
191		*ou*	pointe
351			
228		*bo*	bigarré, fleuri
350	244 bis		
297		*ho*	rivière (comme en chinois)
341		*'deu*	terre
362	269 ter	*chia*	armes défensives cuirasse
285		*tchouo*	redresser
361			
360		*ni*	rouge
284			
254 359	270 bis	*si*	choisir
169	168 bis	*diu*	orateur
358		*tseuh*	mettre en gage emprunter sur gage
357		*je*	fréquenté
356	249 bis	*dzô*	debout
249			
367		*kié*	moudre
165		*yé*	tabac
366		*njè*	cuir
365		*yu*	saisir
322	88 bis	*gouo*	herser
264		*ri*	loup
364	278 bis	*touh*	gravier
148		*tpòh*	écraser avec le pied
185		*cha*	laine
332		*gje*	sapèque
363		*chié*	partager

377	376	375	374	373	372	371	370	369	368 346
tcha	*ndié*	*ngueu*	*hleu*	*nda*	*zo*	*ja*	*da*	*mbou*	*mi*
sauter	famille	heurter	rouler	être rassasié	atteindre	bavarder	bambou	rentrer	faim avoir faim

385	384	383	382 349 349 bis	381 102 bis	380	379 344	224	378
sa		*njià*	*'leu*	*seu*	*tcheu*	*za*	*tsi*	*tsz*
guérir		écraser	ôter ses habits se déshabiller	refuser	fendre	céréales, grains	tomber	*tseuzeu* châtaignier

391	139	390	389	167	388	164	210	387	386
ch'eù	*s'su*	*ti(è)*	*'tchoù*	*ndié*	*ppù*	*duòh*	*tch'eù*	*bi*	*keu*
accompagner	compter	teinture	épine	se disputer une chose	cloche	milieu	mander	étaler	muet

249	191	320 243 bis	348	290	397	396	395	394	393	392
dzo	*O*	*tse*	*Houo*	*mo*	*tcha*	*hli*	*buh*	*tsóh*	*djà*	*ia*
Sifan		Miao tseu		rebelle, révolté		jeune	farine	vinaigre	parler	partir, marcher se mettre en marche

160	403	402	293	401	400 370 bis	399 96 bis	398
diou	*Hiu*	*zo*	*tsa*	*hli*	*dà*	*ta*	*lo*
il y a Avoir Être	blanc	blé	doucement	mesure boisseau	grandir croitre	se rassembler	

411	41	410	409	227	241	408	407	45	406 140	405	404
nié	*tsi*	*zeu*	*ha*	*nga*	*bou*	*ha*	*nga*	*hiè*	*i*	*li*	*keu*
douze	pied		Ngaha		montagne			Ihiè		indigo	lutte à main plate
La montagne de Ngaha aux 12 pieds			(montagne)		La montagne Ihié (*ou* Louchan)						

412 366 bis	22	366	21	366	17	366	20	366	98	366	229 65 bis	366	66
njeu peau	*you* mouton	*njeu* peau	*tchèu* chèvre	*njeu* peau	*m'* cheval	*njeu* peau	*hle* bœuf (bétail)	*njeu* peau	*tchi* kitzeu animal chinois	*njeu* peau	*la* tigre ou léopard	*njeu* peau	*ze* panthère

50	328	51	244	333	1	277	40	321 89 bis	229 65 bis	280	97	123 122 bis	42
dou encrier	*ki*	*do* pinceau	*bo*	*nza* encre	*ma*	*je(uh)* papier	*té*	*tuo* thé	*la*	*po* théière	*ka*	*pouo* éventail	*lsa*

21

Un homme viendra demain

327 221 17 7 9 413

lla che m(ou) ma tse tsou
nié
venir demain un homme

Un homme est venu hier

327 330 167 116 413
60 bis

lla hi ndié a tsou
hier
venir hier homme

Un homme vient

327 1 7 413

lla ma tse tsou
venir un homme
(déterminatif)

La mère de cet homme ne viendra pas

28 327 116 290 116 1 9 413

(suff.) *(vo)lla a mo a ma tse tsou*
venir pas mère un homme
(déterminatif)

La mère de cet homme vient

327 276 116 1 9 413

lla mo a ma tse tsou
vient mère un homme

Quelqu'un a acheté deux chevaux au marché hier ; je ne sais qui, ni à qui

75 116 416 43 415 155 75 116 7 407 414 1 214 192 17 149 145 300 330 167 116 1 413
119 bis 74 bis 60 bis

guié a vze dié di ka guié a tse nga vzeu ma nié pa m' ko cha kia hi ndié a ma tsou
savoir | acheter à quel je sais | un moi acheter | deux mâle cheval dans marché hier | homme
ne pas qui ou quoi ne pas particule particule
numérale numérale
indéterminée

22

MAISON, MEUBLES, USTENSILES

96	255	87	28	266	290	242	418	300 74 bis	347	305	285	4	417 190 bis	45
ta	*pouo*	*ha*	*va*	*lluo*	*mo*	*bou*	*zieu*	*lia*	*se*	*nzeu*	*tchoua*	*lo*	*ngo*	*hié, yé*
ouvrir (porte, fenêtre, caisse)		porte		(ou *ppuo*) seuil surélevé (menkan)		colonne		poutre		latte		tuile		maison

423 262 bis	144	109	422	157	421	420	124	140	242	341	149	142 150 bis	96	124
lou	*di*	*pou*	*ji*	*bo*	*kouò*	*kèu*	*gou*	*i*	*bouo*	*dé*	*kou*	*i*	*ta*	*bou*
cuve (à eau)				couvercle		(chin.: koueitseu) sorte de tiroir	lit		dehors extérieur		dedans intérieur		fermer	

184	323	273	419 140 bis	107	142 140 bis	141	210	4	95	280	320 243 bis	174	262	234 28 bis	424	33
liu	*seu*			*tcheu*	*i*	*dzò*	*tche*	*eul*	*li*	*po*	*tsa*	*tchou*	*lou*	*ra*	*bou*	*tchu*
siffler				(deux formes) cuiller pour le bouillon		(*duò?*) bâtonnet	(mot chinois) petit bol		banc		table		[grande cuiller] pour prendre l'eau		deux seaux pour porter l'eau	

23

USTENSILES DE CUISINE

295	408		144	97		154	46		97	45		148	17		425	97		40		418	145
dje	*hé*		*di*	*ka*		*ndou*	*hié*		*ka*	*hié*		*to*	*hm'*		*nié*	*ka*		*ta*		*sé*	*che*
							(2ᵉ forme)													
marmite			four			fumer			pipe			feu			pincettes			petit pot			pot
						boire	tabac		four	tabac					en forme de						
															ciseaux						

418	17	427		40	326	17		426		280	41		109	94		150	205		44	155
		426 bis														71 bis				
ze	*m'*	*dou*		*lèu*	*ké*	*m'*		*dou*		*pô*	*tsé*		*pò*	*tè*		*tcheu*	*ko*		*ya*	*ká*
rasoir					hachoir					grand couteau			écuelle			sorte de grande			couvercle	
					pour les os					de cuisine						cuiller carrée			de marmite	

24

VÊTEMENTS

79 434 433 bis	326 433 95 419 140?	432 243 ter 149 1	149 325 289 bis 431 15 bis 95 430 140?	32 191	429 327 bis 234 28 bis	230 428
(c)heu lu	keu lu tu i	tseu kou ma	kouo lié hla tù i	lié o	la va	che kio
bouton	col	manteau	gilet pantalon veste turban		tunique	pèlerine

244 438 439 365 bis	228 438	28 437	279 328	436 278	435 279	243 28	337 279	28 164
bo hrlou sé	bou hlo	vou tché	che ti	kouo lao	uoh cheu	tse va	ngè chéu	va biu
parasol	chapeau de paille	bas de laine (sans pied)	souliers de chanvre	pantalon de dessus sans fond	bande molletière (serrant la cheville)	chaussette (voir plus loin va ou vou?)	soulier	ceinture

146 264	199 444 121 ter	336 444 121 ter	443 121 bis 51 442 177 bis 191	311 279	441 180 bis 185	440 136	38 276 116
ga vi	no mbou	ppuh mbou	mbou bbu fa o	lè chté	pa cha	dou hleu	(g)heu mo a
robe longue	jupe noire	jupe blanche	jupe de soie [ornements d'argent sur le front, bandeau]	jeune fille	jupe	turban de femme	femme

228	340 101 bis	222	447	222	214	277	40	149	28	52	357	446 96 bis	95	228	277	40	214	354	416	276	445
bo	*ha*	*gou*	*lou*	*gou*	*nié*	*je*	*té*	*kou*	*vouo*	*beuh*	*jeu*	*ta*	*Té*	*bo*	*je*	*té*	*nié*	*djeu*	*Veu*	*mo*	*pi*
caractères | cents	neuf	mille	neuf		(suffixe)	papier	offrir					Tétajeu (nom propre)			écrire		(suffixe)	Veudjeu (nom propre)		Pimo (prêtre, lettré)	

448 96 ter	95	417 190 bis	446 96 ter	95	214	276	445	28	161	116	439 385 bis	228	433	277	40	28	448 96 ter	1	357	448 96 ter	95
la	*Té*	*ngou*	*ta*	*Té*	*nié*	*mo*	*pi*	*vou*	*diou*	*a*	*sa*	*bo*	*llé*	*je*	*té*	*vous*	*la*	*ma*	*jeu*	*la*	*Té*
Téta(jeu)		penser	Téta(jeu)			Pimo		absolument	avoir	ne pas	fini		(suffixe)	papier			donner			Tétajeu	
								(suffixe de) (renforcement)													

52	354	416	276	445	17	277	116	242	155	357	448 96 ter	95	75	116	214	417 190 bis	116	341	417 190 bis	290	449	433
beuh	*dje*	*Veu*	*mo*	*pi*	*mo*	*jeu*	*a*	*ba*	*ka*	*jeu*	*la*	*Té*	*dié*	*a*	*nié*	*ngou*	*a*	*dé*	*ngou*	*mo*	*pi*	*llé*
donner	Veudjeu		Pimo		extrêmement			brave			Tétajeu		savoir		ne pas	penser	(suff.)	ne pas	penser	Pimo		particule explétive
																(suff.)						

161	93	115	329 34 bis	92	199	363	327	142 140 bis	370	327	426	63	199	357	446 96 bis	95	28	75	116	214	119	276	52	116	341
dio	*seu*	*ndié*	*mi*	*seu*	*No*	*chi*	*la*	*yé*	*da*	*la*	*do*	*Chié*	*neuh*	*jeu*	*la*	*Té*	*ro*	*dié*	*a*	*nié*	*du*	*mo*	*bieuh*	*a*	*deu*
tout le	dit		fort		Noseu	habiter		maison	vallée			Kangsiangyng	vous		Tétajeu		(suff.)	savoir		ne pas		plaisir		ne pas	(suffixe)
monde	reconnu							bâtie												ne pas		donner			

TRADUCTION. — Le pimo Veudjeu a écrit pour l'offrir à Tétajeu (nom lolo du Commandant d'Ollone) un papier de neuf mille neuf cents caractères ; il a donné ce papier à Tétajeu, bien que ce ne soit pas absolument fini. Le pimo pense à Tétajeu, mais il ne sait pas si Tétajeu pense à lui. Tétajeu est extrêmement brave. Le pimo Veudjeu ne sait pas si Tétajeu voudra lui donner quelque chose. Tétajeu, vous devriez bâtir une maison dans la vallée de Kang siang ying et venir y habiter, car les Lolos sont forts, tout le monde le sait et le dit.

214	296	407	214	296	199	115	329 34 bis	227	115	329 34 bis	199
nié	*ndju*	*nga*	*nié*	*ndju*	*né*	*ndié*	*mi*	*ngneu*	*ndié*	*mi*	*né*
être affable		je	être affable		tu	être connu célèbre		ou *nga* je	être connu célèbre		toi

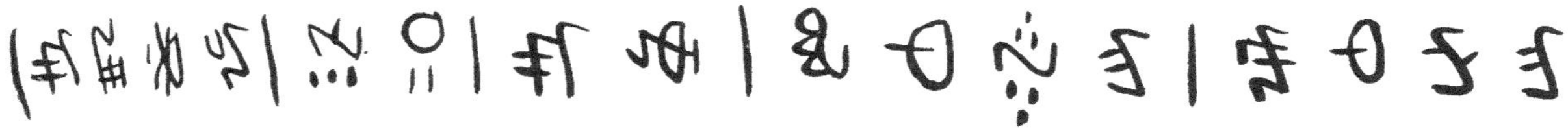

161	357	448 96 ter	95	115	329 34 bis	161	413	334 152 bis	92	53	199	435	92	52	199
din	*jeu*	*ta*	*Te*	*ndi*	*mi*	*diou*	*tsou*	*dze*	*sou*	*tcha*	*né*	*you*	*sou*	*beuh*	*né*
c'est	Tetajeu			surpasser		il y a ou avoir	on tout le monde	manger	donner		toi		offrir		toi

TRADUCTION. — Tu es célèbre, moi aussi. Tu es affable, moi aussi.
Tu m'as offert et donné à manger. Celui qui surpasse tout le monde, c'est Tétajeu.

27

VERBES ET PRONOMS

149 119 116	149 41	450	199	225 218 bis	407	225 218 bis	199	270	227	244	199
kou di a	*kou tse*	*yuò*	*né*	*lleu*	*nga*	*lleu*	*né*	*sié*	*nga*	*bo*	*né*
là	ici	saisir	tu	demander	je	demander	tu	prendre	je	écrire	tu

154	227	452	199	53	407	53	199	451	219	450 9
ndou	*nga*	*tou*	*né*	*tcha*	*nga*	*tcha*	*né*	*yuò*	*nga*	*yuò tse*
boire	je	boire	tu	manger	je	manger	tu	saisir	je	saisir un / il

407 227 219	457 456 9	455 454 283 7
ngue nga je	*tse tsa un, il*	

453 413	453 407	453 163
h(r)oueuh tsou	*h(r)oueuh ngo (nga)*	*h(r)oueuh no*
plusieurs homme ils	plusieurs je nous	plusieurs toi vous

28

VERBES

97	459	458	295	243	295	19	423 262 bis	149	407	19	423 262 bis	149	337
ka	*djie* 2ᵉ forme	*ndou*	*djie*	*tse*	*djie*	*nio*	*lo*	*kou*	*nga*	*nio*	*lo*	*kou*	*nié*
se battre		se battre		se quereller		fâché	cœur	je		fâché	cœur	toi	se fâcher

227 227	17	199	460	199	147	199	75	407	75	199	115	219	115	199
ngue nga	*m'*	*né*	*kéu*	*né*	*ga*	*né*	*guié*	*nga*	*guié*	*né*	*ndi*	*nga*	*ndi*	*né*
être moi	faire	toi	connaître	toi	mettre	tu	savoir	je	savoir	tu	avoir tort	je	avoir tort	tu

264	407	264	163	443 121 bis	219	443 121 bis	199	407	116	227	407	116	199	17	407
ri	*nga*	*vi*	*né*	*mboué*	*nga*	*mboué*	*ne*	*ngue*	*a*	*nga*	*ngue*	*a*	*né*	*m'*	*nga*
appartenir	je	appartenir tu (comme loup)		bon	je	bon (être)	toi	être	ne pas	je	être	ne pas	tu	faire	je

52	227	52	199	375	407	375	199	161	227	161	199
bieuh	*nga*	*bieuh*	*né*	*ngueu*	*nga*	*ngueu*	*né*	*diou*	*nga*	*diou*	*né*
donner	je	donner	tu	être puissant (ou riche)	je	être puissant (ou riche?)	tu	avoir	je	avoir	tu

329 34 bis	49	18	30	145	18	47	17	467	466	465	464 463 bis	463	214	462	461 215 bis
m'	*rheu*	*mou*	*ke*	*ché*	*m'*	*hra*	*m'(ou)*	*oh*	*keuh*	*tsi*	*hle*	*hle*	*nié*	*kè*	*tp'*
croupière			mors	cheval		selle	cheval	Syllabes sans signification (sauf *nié* quelquefois)							

469	413	9	468	275	436	32	227	89	101	34	17	102
luò	*tchou*	*tse*	*gni*	*nzeu*	*kou*	*ti*	*ngue*	*luo*	*ha*	*meu*	*mó*	*che*
Diable				Dieu				dedans		ciel	au-	Paradis dessus

472	52	471 96⁵	448 96 ter	214	470	336
beu			*ta*	*nié*	*ké*	*ppuh*
donner		(grand)		combien	argent	
(472 s'emploie avec la négation)		(pour les personnes) (?)		quel prix ?		

284	62	40	22	138	229 65 bis	92	474 116 bis	473 445 bis	3	116	417 190 bis	210	28
ni	*sé*	*li*	*You*	*pi*	*dji*	*lo*	*so* Λ	*pi*	*lou*	Λ	*ngouo*	*tche*	*vo*
célèbre pimo ou prophète			célèbre prophète					*pi*	*lou*	Λ	prêtre		employé
			il y a très longtemps					son descendant					comme
mort à 120 ans, il y a 260 ans													particule

341	17	433	475	34	276	433	364 (278 bis)	1	45	444 (121 ter)	459	444 (121 ter)	93	199	357	471 (96.)	95
deu	*m'*	*lé*	*ou*	*meu*	*mo*	*lé*	*tou*	*ma*	*yé*	*mboué*	*djié*	*mboué*	*seu*	*no*	*jeu*	*ta*	*Te*
terre		descendre		ciel		monter				bon	être	bon	Noseu	(Lolo)			(nom propre)

290	476	17	277	116	214	357	448 (96 ter)	94	413	28	434 (433 bis)	164
mo	*pi*	*mo*	*je*	*a*	*nié*	*jeu*	*la*	*Tié*	*lso*	*ro*	*lé*	*ndu*
pimo		extrêmement			Excellence		Tétajeu	(pour Té)	homme	(suff.)		au milieu

433	477	326	276	445	28	75	116	214 ter	120	276	472	116	341	52	477	326
(l)lé	*djeu*	*veu*	*mo*	*pi*	*ro*	*guié*	*a*	*nié*	*du*	*mo*	*beu*	*a*	*deu*	*b(i)eu*	*dje*	*Veu*
Veudjeu			Pimo		rou(o) (rien du tout)	savoir	ne pas	à sa guise			donner	ne pas	donner		Veudjeu	

28	222	218	240	155
ro	*gou*	*leu*	*ba*	*ka*
rien	penser		récompense	

TRADUCTION. — Tétajeu est extrêmement bon pour les Lolos. Monté au ciel, il descend sur terre au milieu des hommes. Son Excellence Tétajeu donnera ou ne donnera rien au pimo Veudjeu, à sa guise, on l'ignore. Le pimo Veudjeu ne sait s'il sera récompensé.

39	478	280	239	439 (385 bis)	38	363	328	276	328	264	7	243	1
(g)oueuh	dio	po	tchuo	sa	gueu	chié	kié	mo	kié	ri	tse	tse	ma
amitié		ami		deux pères (père et beau-père)		parent proche		parent éloigné		famille		sœur	frère

346	216	339	216	413	28	476	439 (385 bis)	146	479 (294 bis)	277	295	51	52	156	417 (190 bis)	295
mi	so	ho	so	tso	vou	pi	sa	gueu	djie	je	djié	mdò	beu	nio	ngou	djie
classes sorte qualité (bon, moyen, mauvais)	trois	trois			homme	étourdi			(2ᵉ forme) faire rire s'amuser (amuser?)	rire		larmes	verser (pleurer)		amitié (?)	

239	116	295	339	274	92	480	94	115	28	45	216	244	216	327	66
tchuo	a	djié	ho	dje	so	lé	lié	ndié	vo	ye	so	bou	so	la	ze
mêmes identité	ne pas	être	langages		semblables (ne s'emploie pas avec négation)			hommes		couleurs	trois	espèces	trois	panthère	

Traduction. — Il y a trois sortes et trois classes d'hommes, trois espèces de panthères, trois couleurs. Les hommes sont semblables, mais leurs langues diffèrent.

32

ALIMENTS

145	339	221	22	145	21	145	44	145	26 27 bis	145	99 20 bis
che	*heu*	*che*	*you*	*che*	*tcheu*	*che*	*ra*	*che*	*ri*	*che*	*hle*
chair	poisson	viande de mouton		viande de chèvre		viande de poulet		viande de cochon		viande de bœuf	

3	116	334 152 bis	149	340	334 152 bis	75	146	483 394 bis	51	81	317	145	481 317 bis	327
lou	*a*	*dze*	*kou*	*nda*	*dze*	*di*	*gui*	*tsouò*	*dou*	*rou*	*seu*	*che*	*zo*	*la*
assez	pas manger	beaucoup dégoûtant manger trop		gras de la viande		maigre	gras de la viande		os		maigre de la viande		viande salée (mot chinois)	

154	484	277	154	321 89 bis	229 65 bis	443 121 bis	116	485	484	121	485	484
ndou	*tsa*	*jé*	*ndou*	*tuo*	*la*	*mbouch*	*a*	*té*	*tsé*	*mbouch*	*té*	*tsé*
boire	chaud	eau	boire	thé		bon	pas (suffixe)		légume	bon (suffixe)		légume bonne nourriture

33

VERBES

255	227	255	199	298	407	298	199	458	227	458	199
po	*nga*	*po*	*né*	*sih*	*nga*	*sih*	*né*	*mbbo*	*nga*	*mbbo*	*né*
courir	je	courir	tu vous	tue	je	tuez	vous tu	frappe	je	frappez	vous tu

488 370 ter	116	199	487 205 bis	219	205	199	486	407	486	199
da	*a*	*né*	*keu*	*nga*	*keu*	*né*	*nha*	*nga*	*nha*	*né*
être habile pas adroit		vous	surpasser	je	surpasser	tu	entendre	je	entendre	tu vous

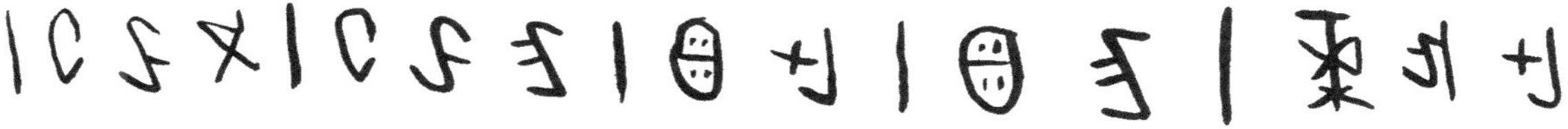

339	418	407	339	418	199	489	219	489	199	370	116	219
ho	*za*	*nga*	*ho*	*za*	*né*	*nja*	*nga*	*nja*	*né*	*da*	*a*	*nga*
être aimable		je	être aimable		tu	être beau	je	être beau	tu vous	être habile pas		je

LES 24 CARACTÈRES A 24 TRANSFORMATIONS

20)	19)	18)	17)	16)	15)	14)	13)	12)	11)	10)	9)	8)	7)	6)	5)	4)	3)	2)	1)
452	438	492	277	486	298	458 bis	311	347	491	490	418	276	145	295	221	336	468	469	445
tou	chlò	và	jjeuh	nha	sih	mbbo	hli	seù	pouò	ch(i)è	zeu	mo	cheù	gdj	chè	ppuh	nié	tchuo	pi
relever	voir	eau		entendre	tuer		sécher		attacher	amener	fils		fer	cuivre	or	argent	(suffixe)		prêtre
boire		sommet				frapper		bois				femelle viande			sept		deux varier		
																	verser changer		
																	se		
																	transformer		

24)	23)	22)	21)
149	167	423	242
k'ou	ndiè	lou	bou
chauffer	plaine	vallée	col
		cuve	

Les 24 transformations de chacun de ces caractères sont données aux pages suivantes, sous le numéro placé au-dessus de chacun d'eux.

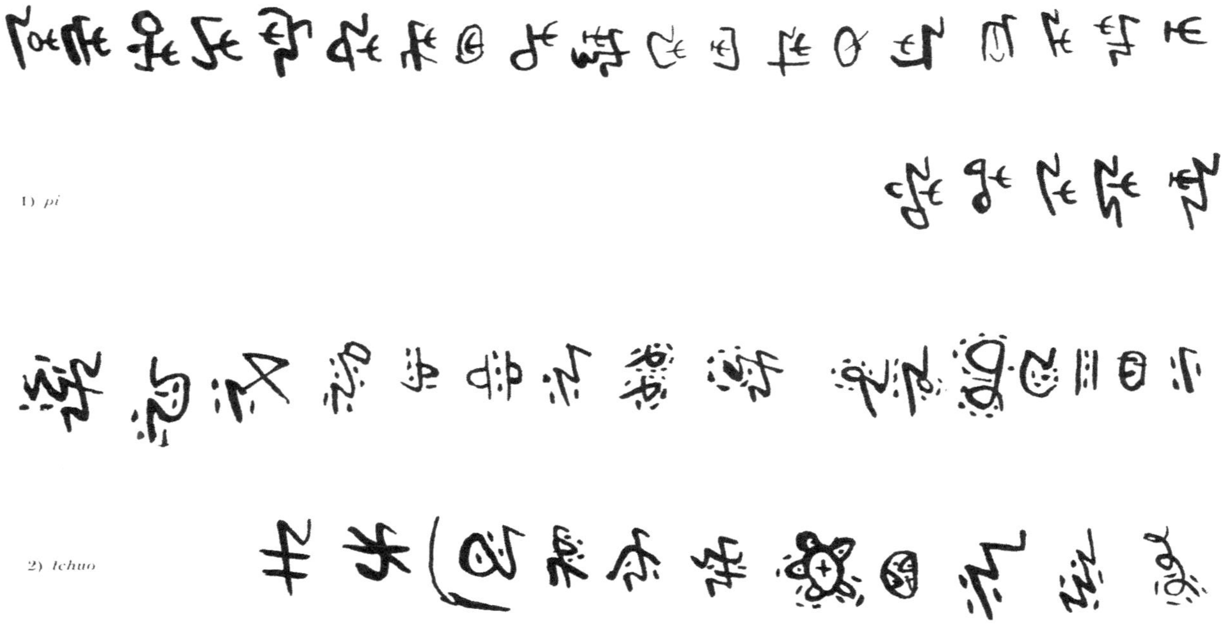

1) *pi*

2) *tchuo*

3) *nie*

forme pour douze

4) *ppuh*

5) *chē*

6) *gdj*

7) *cheü*

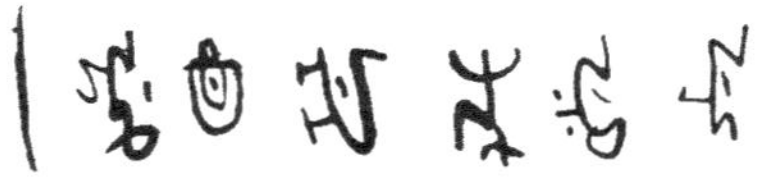

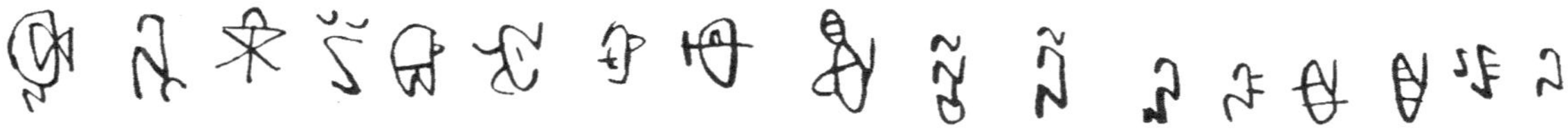

8) *mo*

9) *zeu*

10) *ch(ï)è*

11) *pouò*

12) *seù*

13) *hli*

14) *mbbo*

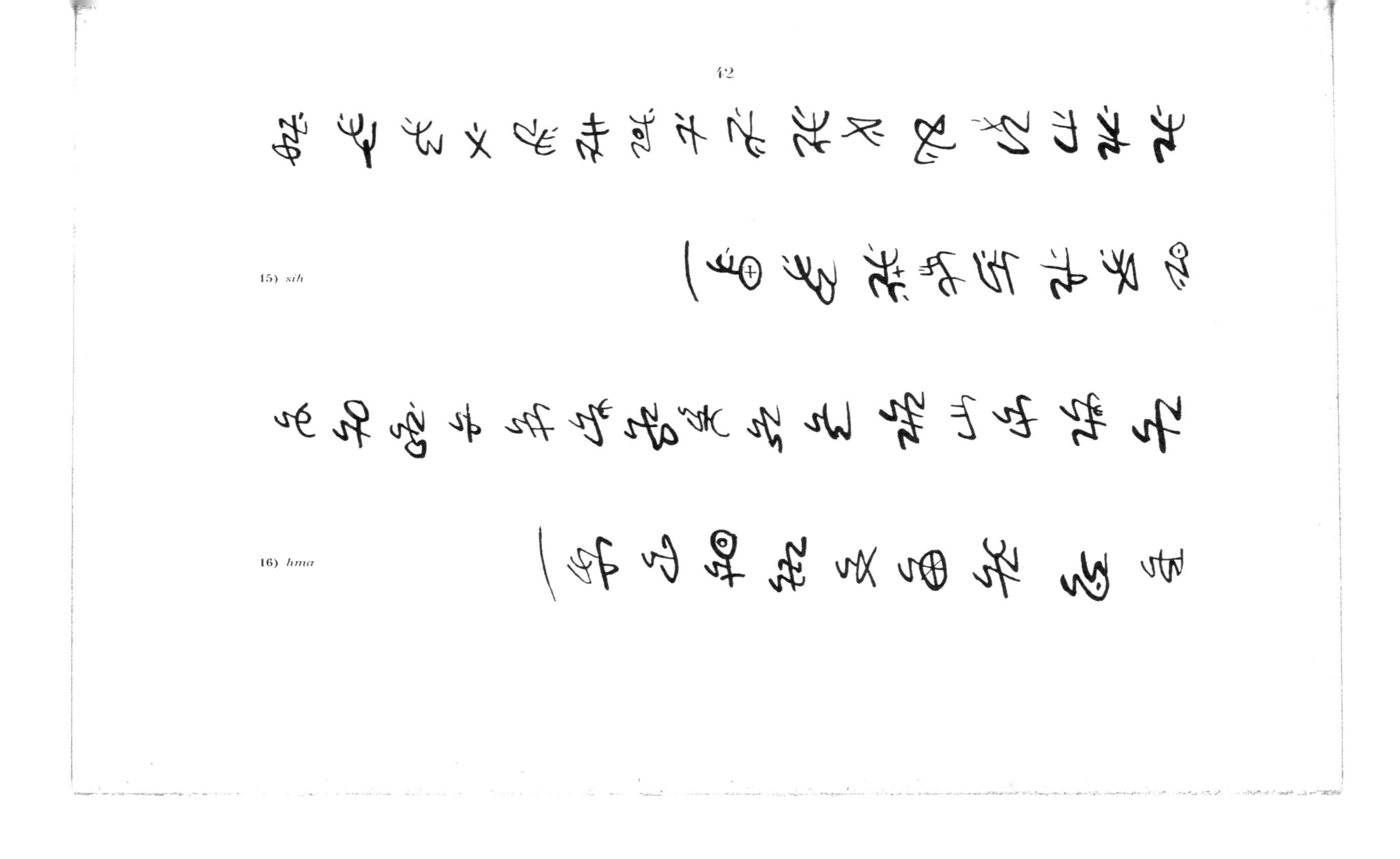

15) *sih*

16) *hma*

17) *jjeuh*

18) *và*

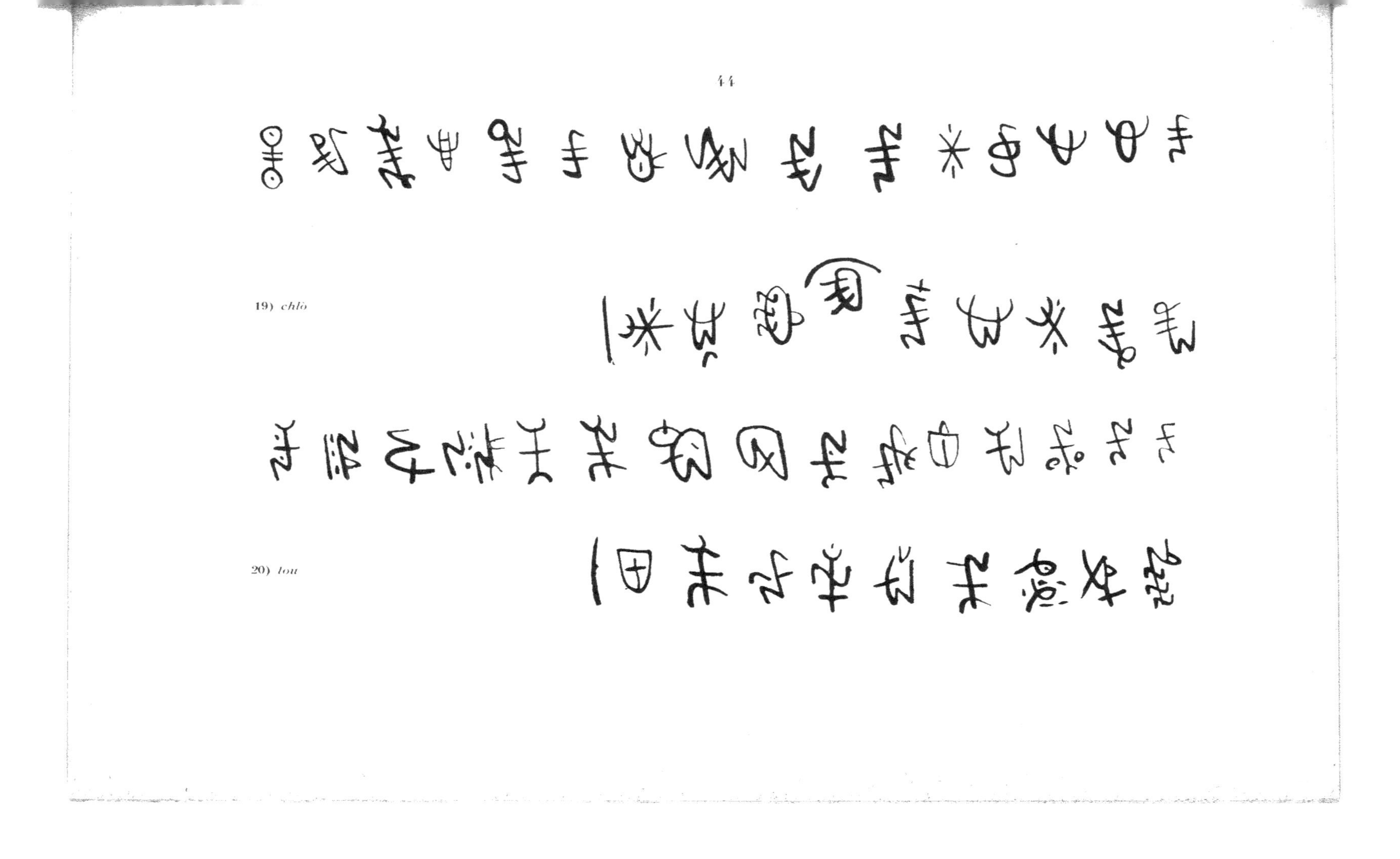

19) *chlò*

20) *lou*

21) bou

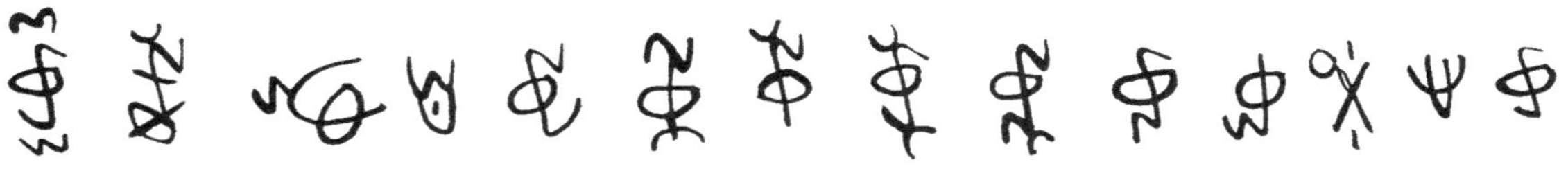

22) lou

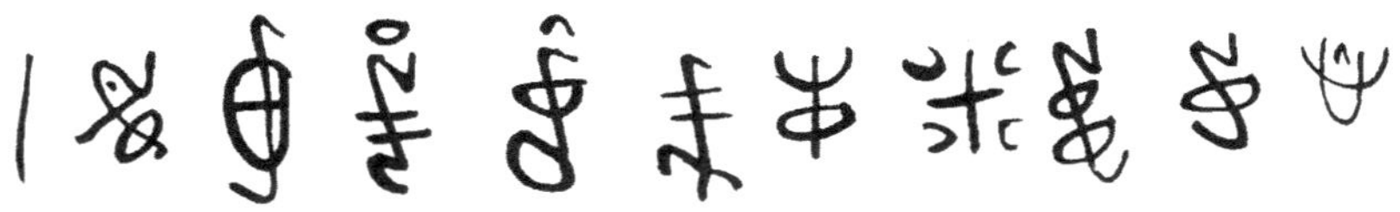

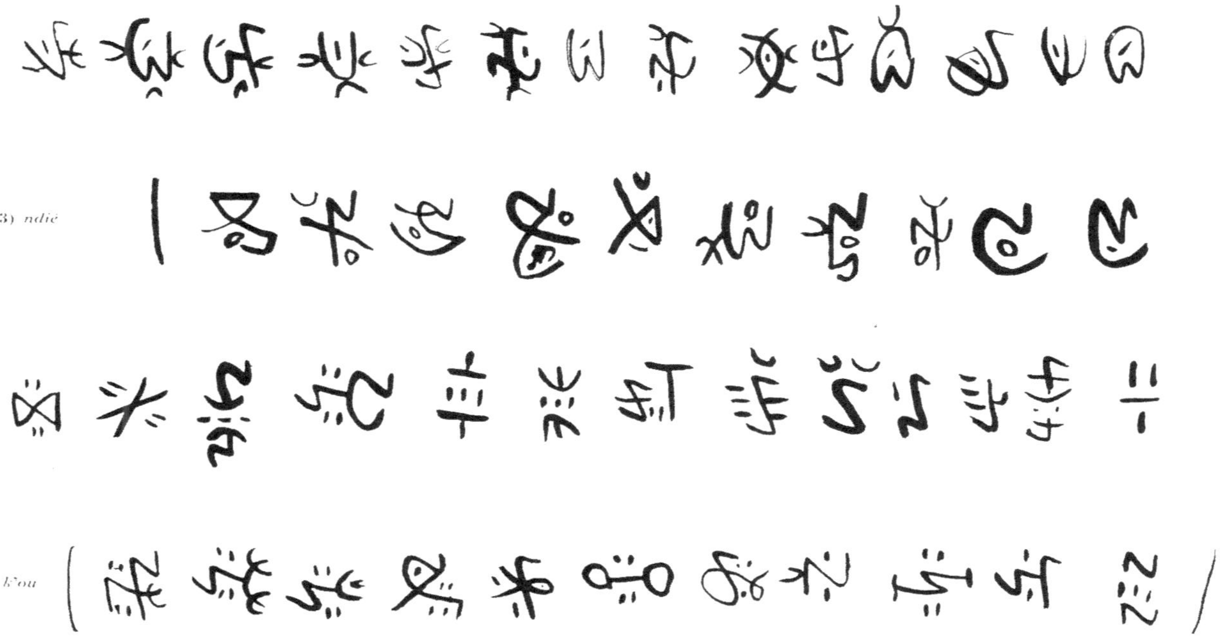

23) ndie

24) k'ou

ESSAI DE CLASSIFICATION DES CARACTÈRES

L'obligation, pour numéroter chaque caractère nouveau, de procéder à un examen comparatif très minutieux, m'a amené à reconnaître que quelques formes assez simples se retrouvent dans tous les caractères, soit combinées avec d'autres, soit compliquées ou abrégées. Dix de ces formes m'ont semblé pouvoir être considérées comme génératrices de toutes les autres. Par analogie avec la classification des caractères chinois, j'appelle ces dix formes : *clefs*, — sans d'ailleurs leur attribuer aucune valeur idéographique.

A la suite de chaque clef, j'ai rangé tous les caractères qui s'y rattachent, en m'efforçant de les présenter suivant la progression de leurs variations : entreprise malaisée, car parfois la transition manque, parfois aussi la même transition conduit à deux séries dont les termes extrêmes diffèrent totalement, et qui, placées à la suite l'une de l'autre, sans liaison directe avec la clef, semblent tout à fait étrangères. Il faudra souvent un examen attentif pour reconnaître le trait générateur.

Toutes les fois qu'une altération constante de la clef se remarque dans de nombreux caractères, j'en ai fait une clef secondaire, qui occupe une ou plusieurs lignes. Parfois j'ai pu indiquer ces clefs secondaires dans la colonne placée à la droite des tableaux (Exemple : clefs IX et X). Mais ailleurs je n'ai pas indiqué cette clef secondaire, car elle ne consiste pas en une forme précise, mais en un procédé d'altération. C'est ainsi que le croissant (clef II) donnera : des croissants doubles ou multiples, ou accessoires, puis des croissants piqués au sommet d'un trait vertical, avec ou sans jambage de côté, puis des croissants traversés d'un trait vertical formant trident, etc... Il y a assurément une grande part d'arbitraire dans ces groupements. Certaines clefs, telles II, III, IV, pourraient n'en former qu'une seule, à laquelle le croissant servirait de base unique ; j'ai cependant préféré considérer comme clefs principales les formes qui elle-mêmes en engendrent plusieurs autres.

Divers caractères présentent deux ou même trois clefs combinées. Ils ont été placés à toutes les clefs dont ils dérivent. Les numéros en chiffres romains qui se trouvent souvent placés à côté de la phonétique indiquent les autres clefs auxquelles appartient le même caractère. Les chiffres arabes qu'on trouve parfois à côté de la traduction française indiquent que le caractère figure aussi, dans la même clef, à une clef secondaire correspondant à ce numéro.

Je n'ai pas fait entrer dans cette classification les 24 transformations des 24 caractères. Chacun de ceux-ci constitue évidemment une clef, bien que la formation de ses dérivés n'apparaisse pas toujours très claire : mais il faudrait un travail plus étendu que celui-ci pour faire accorder les clefs du pimo *Veu djeu bo* avec les nôtres.

Cet essai n'a d'autre but que de faciliter aux spécialistes l'étude de ces caractères en les montrant groupés selon leurs analogies apparentes : ce sera à eux de reconnaître les lois de leur formation et leur classification logique.

Une série d'Index, placés à la suite de l'Index général, leur permettra de trouver rapidement tous les caractères présentant des particularités remarquables.

N°		lecture	sens
310		*lou*	grand tonneau (5)
492		*và*	sommet
489		*nja*	être beau
305		*nze*	mordre
61		*su (ou) seu*	sang
352		*nié*	mamelle
64		*hié*	aiguille
351		*bo(u)*	orné
V 37		*nieu*	singe
12		*pih*	en imposer
11		*pièh*	fièvre
1		*ma*	numérale
136		*che ma che*	dîner
266		*louo*	salut

N°		lecture	sens
302		*tseh*	exciter
X? 140·/430		*i* / *i tù*	(3) veste
92		*sou*	(?)
III 335		*gue*	(?)
42		*tsih*	sel
484		*tsa* / *tsé*	chaud / légume
126 bis / 233		*hè*	rat
126		*hè*	rat
181		*l'so*	enfoncer
394		*tsòh*	vinaigre
394 bis / 483		*tsouò*	gras de la viande

N°		lecture	sens
78		*tsè*	cerf
X? 188		*ro*	furieux
X? 368		*mi faim*	avoir faim
X? 2		*ma*	numérale
X? 140· / 419		*i* / *i gou*	lit (2)
X? 140· / 430		*i* / *i tù*	veste

X² 317 bis / 481	X² 317	IX² 293	IX² 413	IX² 337	IX² 237 / X²	IX² 238	IX² 238 bis / 353 / IX²	VIII 467	191
zo	*jò*	*tsa* doucement je tsa	*tsou*	*no*	*tchou*	*tchou*	*tchou*	*oh*	*o, ou*
(?)	sorte d'arbre	se rassembler	homme	noir	ensemble	ensemble	ensemble	(?)	grenouille

V 14 IX¹ 262 V 458 IX³ X³	★ 239	III 408	IX³ 397	IX³ 151	IV z et 6 378	377	VI 379	VI 389	312	II 139	II 310
ngou louh ndou djie ndou	*tchou*	*ha ha bou*	*tcha tcha mo*	*(t)cheu*	*tsz*	*tcha*	*ze*	*'tchoù*	*'vah*	*s'su si*	*lou*
froid bras main se battre	ensemble	montagne	rebelle révolté	riz	châtaignier	sauter	grains	épine	rocher	compter	grand tonneau

★ 239 bis *tchuo* même, identité

V 180	V 180 bis / 441	VIII 303	VIII 376	227	140⁴ / 406	II 140 ter / 313	II 140	140 bis / 142	466	436
pà	*pa cha pa*	*ndié*	*ndié*	*ngue*	*i*	*i*	*é ou i é duò*	*i i tè*	*keuh*	*kouo tao kouo*
pondre	jupe	racine	famille	cinq	(?)	dormir	se coucher pour dormir	se lever	(?)	pantalon de dessus

Réf.	X⁵ 268	314	306	403	V 144	V 372	336
	lo	chi	ngo	ttiu	de	zo	ppuh
	entourer	arriver	creux de l'estomac	blanc	(?)	atteindre	argent

Réf.	VIII 175	IX⁵ 261	X⁶ 272	X⁷ 259	X⁷ 380	X² 273	II 34 bis /329	V 176	VIII 304	IX¹ 187	X⁷ 392 IX¹ / IX¹	IX¹ 187 bis /288	IX¹ 398	IX¹ 262 bis /423
	tchoùe tzou	nga	nzo	djiuh	tcheu	a nzo	mi m'(eu)	hom'	so	tsé	ia	tsou tsou cheh	lo lo ta	lou di lou
	chanvre	moi, je	connaissance être au courant	bénéfice profit gain	fendre	ignorance	célèbre	queue	rappeler	nœud	partir marcher se mettre en marche	mèche pour le fusil	se rassembler	cuve

Réf.	IV 15	IV 15 bis /431	VII 324	VI 17 ter /162	V 458	V 458 bis
	ch(l)à	hla	goù se goù	hm(ou)	mbbo ndou	mbbo
	élégant bien habillé	pantalon	charrue	cheval	frapper	frapper

Réf.	N°	Phonétique	Sens
V VII II	198	*hda*	grandir
IX¹	211	*ndé*	gros
X⁸	166	*ndié*	se disputer (un objet)
X⁷	194	*ia*	partager
IX³	195	*puh*	égal
X⁶	271	*tse*	poumon
II IX⁴	200	*chi*	fil
IX³	348 bis	*Houo* / *Houo tseu*	Miao tseu
IX³	348	*hnda* / *se hnda*	poire
II V VII	370 bis / 400	*dà*	grandir
IX¹	373	*nda* / être	rassasié
IX³	363	*chié*	partager
X³ IX⁴	28	*ra*	coq
IX⁴ X³	28 bis / 234	*ra*	coq
X⁴ II	402	*zo*	blé
III	297	*ho(h)*	rivière

149	416	326	I { 34 bis / 329 }	34	323
kouó	*rze*	*keu li keu*	*mi m'(eu)*	*m'eu*	*se se gou*
dans	acheter	soc	célèbre	terre	charrue

IV 90	IV { 88 bis / 322 }	IV 88	VI 171	VI 206	X⁵ 404	IV 311 IX² IX³	IX² 396 IX³	IX² 261	VII 160	III 159	5	97
tsi(u)	*gouo*	*nzou*	*pueu*	*njeu*	*keu*	*hli*	*hli*	*nga*	*dioù*	*dioù*	*lou*	*kà*
tromper et dix	herser	plumet ou aigrette	porter sur le dos	alcool	lutte à main plate	sécher	jeune	moi, je	il y a	il y a	dragon	épousseter

IV 202	VII 193	I 310	I 139
tsiu	*kouo*	*lou*	*si si tcheu*
retirer	méchant	grand tonneau	minuit

Réf.	Transcription	Sens
VIII 345	ka / ka mi	vermicelle (7)
X¹ 27	ri / rouo	cochon (7)
X³ 98	tchèù	doux sucré
V 197	yu	saisir empoigner
V 490 / X²	ch(i)è	amener
V 203 / X²	chè	dot
V 393 / X²	djà	(6) parler
295	dji / gdj	cuivre
I 198 / V / VII	hda	grandir
I 370 bis / V 400 / VII	dà	grandir
347	seu	bois

Réf.	Transcription	Sens
IV 269 bis / 282	chia / chia tsa	ceinturon
IV 437	tché / tché rou	bas de laine (sans pied)
IV 121 bis / 443	mbouh	jupe de soie et bon
IV 121	mboueh	bon
IV 121 ter / 444	mbouh	(?)
IV 450	yuò	saisir
IV 215	nié	particule ordinale
IV 89 bis / 321	tuò / pa tuò	râteau
IV 3 bis / 6	lou	dragon
I 140³ / 406	i	(?)
I 140 ter / 315	i	dormir
I 140	é ou i / é duo	se coucher p' dormir

Réf.	Transcription	Sens
V 393 / X¹	djà	(4) parler
I 200 / IX⁴	chi(è)	fil
IX⁴ 422	ji	(?)
286	ndiè	lance trident
VI 63	chié	fil
VI 58	h'ouh	corne
V 370 ter / VII 488	da	adroit
V 104	chò	se souvenir
V 106	kou(ò)	année
50	bbò	aile
V 51 / IX¹	bbò	aile
V 349 bis / 382	hleu se	déshabiller

IV 391	X³ 98	X⁴ 27	X⁴ 212	I 402 / X⁴	X⁴ 468	X³ 253	X³ 401	X⁴ 230 bis / 313	X³ 298	X³ 230
ch'eü	tcheü	vi / vouo	zjeu	zo	nié / gni	tsa	hli	che	si / si ngue	che
accompagner	(4) doux sucré	(4) cochon	gros arbre	blé	deux, verser	toucher	mesure et boisseau	conduire	tuer	serpent et conduire

X⁵ 366 bis / 412 · IX¹ 85	X⁸ 386	X⁷ 21	X⁷ 31	X³ 257	X² 218 ter / 258	X² 218	X² 225 / 218 bis	IX³ 39	IX⁴ 327 bis / 429	IX³ 369	IX³ 195	IX⁴ 174	
njeu · nouh	keu	tcheü	kheüh	hleu	hl'(euh)	lleu	lleu	gj(ou)eu	la ou la	mbou	puh	doh	
peau · mou	muet	chèvre	nuit	saisir prendre	saisir	quatre	quatre	ours	tunique	rentrer	égal	grimper	

X⁵ 84	X⁵ 95	X⁷ 425 / X⁴
mbuoh	ti / nti	nié / ka nié
se promener couleur rouge	ciel enfoncer en	pincettes en forme de ciseaux

N°	Lecture	Sens
339	*ou* / *ou bou*	soleil
I 408	*ha* / *ha bou*	montagne
VIII 186	*pò*	prêter à intérêt
409	*ha* / *nga ha*	montagne
109	*hrou*	mâle (comme pa)
375 IX	*ngueu*	heurter
122 bis IX / 123	*poh*	ouvrir
122 IV	*poh*	ouvrir
243 ter IV / 432	*tseu* / *ma kou tseu*	manteau
243 bis IV / 320	*tse* / *tse mo*	pioche
IV 243	*tse, tsa*	sœur et un dans onze
IV 87	*(r)h'e*	fort
135	*tie* / *m'tie*	matin / clarté

N°	Lecture	Sens
184	*tchi*	vernir
II 159	*diou*	il y a
VII 160	*diou*	il y a
I 335	*gue*	(?)
190 bis / 417	*ngo* / *ngo lo*	tuile
190	*ngou*	aimer
201	(3) *mba*	s'infiltrer
445	*pi* / *pi mo*	(prêtre, lettré)
445 bis / 473	*pi*	prêtre (?)

IX¹ 100 I VIII	467	459	294 bis / 479	294	318	283	8	94	46	IX² 472	264
hra	oh	djie / djie ka	djie / djie gueu	dzi / dzi ll'e	nbou	tsa / chia tsa	tse	tié	hii (ou hié)	beu	ri
faisan	(?)	se battre	faire rire s'amuser (amuser?)	plan	regretter	ceinturon (serre-cuirasse)	un	tourner les pages d'un livre	maison fumée de tabac	donner	loup

IX² 105	X² 127	X¹ 137	X⁷ 449	X⁷ 183	VII 96 bis / 399		X⁷ 194	201	I 297	38	341
kouò	hé	bou / bou yu	pi	tche	ta / lo ta		ia	(2) mba	ho(h)	gj(ou)eu	deu (m'eu)deu
écuelle	rat	après-midi	(?)	se pendre	se rassembler		partager	s'infiltrer	rivière	ours / hacher	terre

IV 177 bis / 442	IV 178	X² 145	X² 145 bis / 235	IX³ 348 bis	IX³ 348	IX³ 226	IX¹ 214 IX³	IX¹ 214 bis IX³ 217
fa / o fa bbu	nzeu	cha / dé cha m'	ché	Houo / Houo tseu	hnda / se hnda	so	nié	nié
ornement d'argent sur le front	savoir	partir	chercher	Miao tseu	poire	trois	deux et particule ordinale	deux et particule ordinale

Référence	Lecture	Sens
II 437 / IX³	*tché* / *tché vou*	bas de laine (sans pied)
II 202 / V	*tsiu*	retirer
II 90	*tsi (u)*	tromper et dix
II 450	*yuò*	saisir
VI 192	*pa*	mâle (après un nom d'animal)
II 121 ter / 444	*mbouh*	(?)
II 121 bis / 443	*mbouh*	jupe de soie et bon
II 121	*mbouch*	bon
II 215	*nié*	particule ordinale
215 bis / 461	*tp'*	particule sans signification
II 89 bis / 321	*tuò* / *pa tuò*	râteau
89	*kiou*	épervier

Référence	Lecture	Sens
196	*lou*	main
141	*duò* / *djouo* / *é duò*	bâtonnet, droit / se coucher pour dormir
60 bis / 330	*hi* / *hi m'*	absent
60	*hi*	flèche
470	*ké*	particule sans signification
167	*ndié*	se disputer un objet et niveler la terre
156	*nio* / *niu*	bœuf
I 378	(6) *tsz*	châtaignier
IX¹ 70	*pou*	délier
301	*tu*	s'arrêter
II 3 bis / 6	*lou*	dragon
3	*lou*	dragon

Référence	Lecture	Sens
383	*njià*	écraser
269 ter / 362	*chia*	cuirasse armes défensives
269	*chia chièh*	cuirasse
II 269 bis / 282	*chia chia tsa*	ceinturon

II 391	209	X³ 252	IX¹ 247 X⁴	248	463 bis 464	463	III 243 ter 432	III 243	III 243 bis 320	455	III 87	221
ch'eù	*tseu*	*ya*	*tsa*	*tsa*	*hle*	*hle*	*tseu ma kou tseu*	*tsa, tse*	*tse tse mo*	*tse (?)*	*(r)h'é*	*che*
accompagner	boucher, mettre un bouchon	distribuer	boue	boue	sans signification	sans signification	manteau	articuler sœur et un (dans onze)	pioche	(?)	fort	sept or

I 15	I 15 bis 431	440	VII 456	457	56	309
ch(l)à	*hla*	*dou hleu dou*	*tse*	*tse*	*guièh*	*toù*
élégant (bien habillé)	pantalon	turban de femme	particule sans signification	particule sans signification	déraciner	monter

177 bis 442	177	178	275	255
fa o fa bbu	*fô*	*nzeu*	*nze nze mo*	*po sié po*
ornement d'argent sur le front	ne pas concerner quelqu'un	savoir	prince	maitre

IX² 29	I 378	II 311 IX² IX³	II 88 bis 322	II 88
khé	*(2) tsz*	*hli*	*gouo*	*nzou*
chien	châtaignier	sécher	herser	plumet ou aigrette

VI 119	VI 119 bis / 415	I 180 bis / 441	I 180	I 144	I 372	X? 343	VII 370	77	55	V 349
du	*di*	*pa* / *cha pa*	*pà*	*dé*	*zo*	*duo* / *duo pà*	*da*	*Sooh*	*dziè*	*'leu* / *se*
pousser	qui ou quoi	jupe	pondre	(?)	atteindre	cour	(3) bambou	(3) Chinois	hacher	déshabiller

II 490 X?	II 203 X?	II 393 X?	I 198 II VII	I 370 bis / 400 II VII	II 370 ter / 488	II 104	II 106	II 51	II 349 bis / IX? 382
ch(i)è	*che*	*djà*	*'da*	*dà*	*da*	*chò*	*kou(ó)*	*bbò*	*'leu* / *se*
amener	dot	parler	(3) grandir	(3) grandir	(3) adroit	se souvenir	année	aile	déshabiller

II 198 VII	II 370 bis / 400 VII	II 370 ter / 488 VII	VII 370	242	77	387
'da	*dà*	*da*	*da*	*boh* / *bou*	*sooh*	*bì*
(2) grandir	(2) grandir	(2) adroit	(1) bambou	montagne / col	(1) chinois	étaler

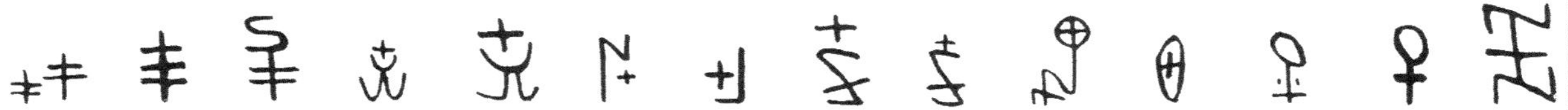

Nº	Transcription	Sens
280	po / po tseu	veste rembourrée
299	mbiè / mbiè tia	tirer à l'arc
IX¹ 182	gueu	entendre
IV { 450 / 197 bis	yuò	saisir
II 197	yu	saisir
X² 54	ziéh	employer, se servir de
IX¹ 219	ngue	cinq
IX¹ 333	dza / dza dze	manger
IX¹ 296	ndiu / ndiu nié	causer, s'accorder, s'entendre
I 14 X³	ngou	froid, bras
I 37	nieu	singe
I 176	hem'	queue
I 458	ndou / mbbo	frapper
X² 274	(d)jeuh	grand
X⁴ 62	seu / su	sang
X¹ 83	seu / ce	raconter
VII 405	ti	indigo
458 bis	mbbo	frapper
X⁵ 395	buh	farine
X¹ 344	dza	manger

60

CLEF VI

II 63	59	59 bis / 287	II 58	IV 192	H 206	V 119	V 119 bis / 415	II 171	65[1] / 66	65 ter / 232	65 bis / 229	65	24
(3) chié	kouòh	hou	h'ouh	pa / o pa	njeu	du	di	pueu	zeü	la	la	h'là	nio / niu
fil	arc	arc	corne	grenouille (mâle)	alcool	pousser	qui ou quoi	porter sur le dos	panthère	tigre	tigre	léopard	buffle bœuf

IX[2] 76	IX[4] 250	IX[3] 285	IX[4] 18 / X[4]	IX[4] 86 / X[7]	IX[3] 204	IX[4] 189	VIII 19 / IX[4]	VIII IX[4] / 17 bis I 134 VIII IX[4]	17 ter / 162	IX[3] 17
guia	ga / hé ga	tchouó	hm(ou)	nje	bi	m'	hm(ou)	hm'(ou) / m'(ou)keu	hm(ou)	hm(ou)
abeille	chinois	redresser	cheval	saluer pour partir	sortir	chanvre	cheval	soir	cheval	cheval

Réf.	Transcription	Sens
X[4] 365	yu	saisir
IX[4] 451	yuò	saisir
IX[3] 185	cha	laine
X[7] 249	dzò	debout
X[7] { 249 bis / 356	dzò	debout
X[7] 358	tseuh	mettre en gage
X[7] 357	je	fréquenté
I 389	'tchoù	épine
I 379	ze	céréales, grains
II 63	(1) chié	fil
75	g'ui(è)	abeille

Réf.	Transcription	Sens
X[7] 194	ia	partager
X[7] 74	tia	laisser
X[4] 425 / X[7]	nié / ka nié	pincettes en forme de ciseaux
X[7] { 74 bis / 300	tia / mbié tia	tirer à l'arc, lancer des flèches
X[4] 428 / X[7]	kio / kio che	pèlerine
IX[4] 278 / X[7]	to / to gâ	bouclier
X[7] { 278 bis / 364	louh	gravir
X[5] 331	ga / ga soo	partir
146	gâ / vi gâ gà	s'habiller

IX¹ 333	IX¹ 296	IX¹ 48	IX¹ 45	X⁷ 360	X⁷ 270	X⁶ 270 bis / X⁷ 359	IX¹ 107	II 160	4	10	9	125
dza *dza dze*	*ndiu* *ndiu niè*	*rah*	*hii* *hiè*	*ni*	*siè*	*si*	*tcheu*	*diou*	*lou*	*pièh*	*tsè* *tse*	*kièe*
manger	causer, s'accorder, être d'accord, s'entendre	derrière	maison fumée	rouge	foie	choisir	couper	il y a	dragon	fièvre	un	s'occuper de

V 405	X² 274	X² 390	X⁷ 319		71 bis / 150	71	36	35
ti	*(d)jeuh*	*li(è)*	*yé* *yé mo*		*(t)cheü*	*tcheuh*	*meu*	*meu*
indigo	grand	teinture	sabre		riz	se remarier	terre (champ)	terre (champ)

IX¹ 68 / 291	IX¹ 67 / 69 bis	IX¹ 69⁴ / 143	IX¹ 69	307	388	153	1 324	224
teu *mou teu*	*tée*	*té* *i té*	*tée*	*mi*	*ppù*	*hié*	*goù* *se goù*	*tsi*
la guerre	se lever	se lever	se lever	faim, avoir faim	cloche	fumée de tabac	charrue	dix

Référence	Transcription	Signification
II 193	*kouo*	méchant
96 / 446	*ta*	(?)
III 96 bis / 399	*ta* / *lo ta*	se rassembler
96	*ta*	déposer, poser
96 ter / 448	*ta*	(?)
96 / 471	*ta* / *Te ta jeu*	d'Ollone (nom propre)
155	*ka* / *ka nió seu*	se laver
IV 456	*tse*	(?)
IX IX 170	*kè*	casser
173	*pouoh*	servante
X 111	*dzeu*	monter
X 111 bis / 112	*dzeu*	monter
II V 370 ter / 488	*da*	adroit
I II V 198	*da*	grandir
I II V 370 bis / 400	*dà*	grandir
V 370	*da*	bambou
371	*ja*	bavarder
207	*g'ouo*	menacer
222	*gou*	neuf

Réf.	VI 17 ter / 162	VI 17 bis / 134	VI 19 / IX	I 467	117	16	IX 241	240	277
Son	hm (ou) m'(ou) keu	hm (ou)	hm (ou)	oh	du	ch (l) à	boh	bò	jeuh
Sens	cheval	soir	cheval	(sans signification)	pousser	élégant (bien habillé)	montagne	lumière	grand eau

Réf.	IX 453	II 345	I 304	186	102 bis / 381	102
Son	h (r) oueuh	ka / ka mi	so	pò	seu	chou coq de bruyère / soo (go soo)
Sens	plusieurs (ils)	vermicelle	rappeler	prêter à intérêt	refuser	partir

Réf.	I 303	I 376	I 175	355	152 bis / 334	152	491
Son	ndié	ndié	tchoùe tzou	jjcu	dze dza dze	dze	pouò
Sens	racine	famille	chanvre	dents	manger	manger	attacher

Référence	Transcription	Sens
85	nouh	mou
IX³ 411	(3) nié	deux dans douze
IX³ 214	nié	deux et particule ordinale
IX³ 214 bis / 217	nié	deux et particule ordinale
32	tih	matin (avant le jour)
52	bieuh	donner
342	heu, gou heu	sommet
418	zieu, zieu bou	colonne
199	n'é	toi, tu
120	dù	avare
421	kouò, kouò bo	couvercle
172	jeu	scier
458	tse,(tsa)	(?)
7	tsé,(tse)	un

Référence	Transcription	Sens
IV 70	pou	délier
IV 247, X⁵	tsa	boue
V 182	gueu	entendre
I 187 bis / 288	tsou, tsou chèh	mèche pour le fusil
X⁷ 392, I	ia	partir, marcher, se mettre en marche
I 187	tsò	nœud
I 398	lo, lo ta	se rassembler
I 262	louh, main, lou ra	grande cuiller
I 262 bis / 423	lou	vallée
I 373	nda	être rassasié
III 100	hra	faisan

Référence	Transcription	Sens
II 349 bis / V 382	hleu	se déshabiller
V 349	hleu	se déshabiller
I 211, IX¹, X⁷	ndé	gros
X⁷ 244 bis / 245	(?)	(?)
X³ 424	bou, bo, tchu bou	deux seaux p' porter de l'eau
X⁶ 244 bis / 350	bo	orné (?)
X⁷ 244, X⁶	bo, bou	écrire
IX³ 411	(1) nié	deux dans douze
290	mou, mou teu	la guerre
116	a	négation
116 bis / 474	a	(?)
VI 285	tchouò	redresser
410	zeu	pied

Référence	Phonétique	Sens
V 333 / VII	*dza* / *dza dze*	manger
V 296 / VII	*ndiu* / *ndiu nié*	causer, s'accorder, s'entendre
VII 48	*rah*	derrière
VII 45	*hii, hié, yé*	maison, fumée, couleur
VII 68² / 291	*teu* / *mou teu*	la guerre
69 ter / 68	*lée*	se lever
VII 69 bis / 67	*lée*	se lever
VII 69³ / 143	*lé* / *i lé*	se lever
VII 69	*lée*	se lever

CLEF IX²

Référence	Phonétique	Sens
163	*Né*	Barbare Lolo
138	*yu* / *bou yu*	après-midi
VI 76	*guia*	abeille, flamber
72	*pseü*	fendre
IV 29	*keu(h)* nuit	chien, ou *seu* sang
II 396 / IX³	*hli*	jeune
II 311 / IV / IX³	*hli*	sécher
208	*jueü*	enrouler
I 261 / II	*nga*	moi, je
III 472	*beu*	donner
X² 251	*dzeu*	tailler
82	*rouôh*	bouillir
82 bis / 338	*vôh*	bleu
292	*ga* / *cheu ga*	se préparer à la guerre

Référence	Phonétique	Sens
I 211 / IX¹	*ndé*	gros
I 293	*tsa* / *je tsa*	se rassembler
I 413	*tsou*	homme
I 337	*no*	noir
I 237	*tchou*	ensemble
I 238	*tchou*	ensemble
I 238 bis / 353	*tchou*	ensemble
I 467 / VIII	*oh*	syllabe sans signification
I 191	*o, ou*	grenouille

67

CLEF IX³

220 bis / 246	220	469	254 bis / 265	254	226	216	284	IX' 411	IX' 217 / 214 bis	IX' 214	214 ter	41	465
hou	*hou*	*tuò tchuo*	*si vi si toh*	*sié sié po*	*so*	*so*	*nié nié tchouô*	*nié*	*nié*	*nié*	*nié*	*tsi*	*tsi*
six	six	varier changer	salut	maitre	trois particule ordinale	trois	fusil à mèche	deux (dans douze)	deux et particule ordinale	deux et particule ordinale	deux particule ordinale	tomber et dix	sans signification

X' 281 II	I 195	II 369	478	161	VI 250	185	485 bis	148 to	447	II 174
tseu po tseu	*puh*	*mbou*	*dio dio (g)oueuh*	*dioù*	*ga Hé ga*	*cha*	*to*	*poh*	*tou*	*doh*
veste rembourrée	égal	rentrer	amitié	il y a	Chinois	laine	suffixe	écraser avec le pied	mille	grimper

X³ 397	I 151	X¹ {426 bis / 427}	X¹ 426	X¹ 267	228	361	X² 49	X² 267	X² 124	X² 145	I 348 bis	I 348	II 39	40
tcha tcha mo	*(t)cheŭ*	*dou dou m'ze*	*dou*	*diĕ*	*bo*	*ni*	*rreu*	*gouah*	*gouh*	*cheŭ cha*	*houo houo tse*	*hnda se nda*	*gj(ou)eu*	*kĕ*
rebelle révolté	riz	rasoir	(?)	(?)	bigarré	rouge	ramasser	courbe	mesurer	fer, viande	Miao tse	poire	ours	lièvre

I 14 / X³	X⁷ 486	X³ {22 bis / 231}	X³ 435
ngou	*nha*	*you*	*uŏh cheu uŏh*
froid bras	entendre	mouton	bande molletière

VII 170	X⁴ 154	X¹ {20 bis / 99}	IX⁴ 20	X¹ {327 bis / 429}	IX⁴ 327
kĕ	*ndou*	*hle*	*hle*	*la va la*	*la la*
casser	boire	lancer bétail	bétail	tunique	collier (du bœuf)

IV 202	III 122	III {122 bis / 123}	X⁸ 404	X⁸ 164	X⁸ 395 / V	IX² 396 / II	II 311 / IV / IX²
tsiu	*poh*	*poh*	*keu*	*mbŭoh duoh*	*buh*	*hli*	*hli*
retirer	ouvrir	ouvrir	lutte à main plate	milieu	farine	jeune	sécher

Réf.	Son	Sens
103	chou	coq de bruyère (?)
385	sa	guérir
385 bis / 439	sé / sé hlou bo	parasol
93	sou	(?)
205 bis / 487	keu	surpasser
X³ 205	keu	calmer apaiser
X³ 157	bo	posséder
VII 107	tcheu	couper
V 219	ngue	cinq
X⁴ 289 bis / 325	li / li keu	soc
X³ 289	lé / lé cheùh	fusil à cartouche
X³ 129	hi	nombril
X⁴ 433 bis / 434	lu / lu (c)heu itu lu keu	bouton
433	lu	col

Réf.	Son	Sens
33	tiu	répondre
451	yuò	saisir
VI 19 VIII	hm(ou)	cheval
332	gje	sapèque
VIII 241	boh	montagne
VIII 453	h(r)oueuh	plusieurs ils
II 422	ji	(?)
II 286	ndié	lance trident
I 200 II	chi	fil
I 363	chié	partager
III 105	kouò	écuelle
128	kouò	année
I 28 bis / 234 X⁴	va	coq
I 28 X³	va	coq

Réf.	Son	Sens
57	gouh	dépoli
X³ 367	kié	moudre
IX³ 327	la / la ta	collier (du bœuf)
IX³ 327 bis / 429	la / va la	tunique
VII 170	kè	casser
VI 204	bi	sortir
VI 17	hm(ou)	cheval
VI 189	m'	chanvre
VI 19	hm'	cheval
VI 17 bis / 134	hm(ou) / m'(ou) keu	soir
VI 17 ter / 162	hm(ou)	cheval
VI 18 X⁶	hm(ou)	cheval
VI 86 X⁷	nje	saluer pour partir
VI 278 X⁷	tò / tò gâ	bouclier

70

CLEF X¹

IX⁴ 367	IX⁴ 157	168	V 83	IV 455	137	115	IX⁴ 267	118	IX³ { 426 bis / 427	IX³ 426	53 ★	374	131	47
kié	*bo*	*diu*	*seu*	*tse(?)*	*bou* / *bou yu*	*ndi*	*dié*	*du*	*dou*	*dou* / *dou m'ze*	*tchà*	*hleu*	*hi*	*rah*
moudre	posséder	serf ou blanc	raconter	(?)	après-midi	mettre une coiffure, être connu	(?)	pousser	(?)	rasoir	mordre	rouler	nombril	derrière

CLEF X²

X³ 267	IX³ 124	V 274 VII	V 343	X⁷ 380	I 273	V 344	VII 390	{ 168 bis / 169	{ 20 ter / 236	II { 218 ter / 258	II 218	II { 218 bis / 225	III 127	279
gouah	*gouh*	*(d)jeuh*	*duo* / *duo pà*	*tcheu*	*a nzo*	*dza*	*li(é)*	*diu*	*hle*	*hl'(euh)*	*lleu*	*lleu*	*hé*	*che* / *che ga*
courbe	mesurer	grand	cour	fendre	ignorance	manger	teinture	serf ou blanc	bétail	saisir	quatre	quatre	rat	cuissards

★ X² 210	I 237	I 317	I { 317 bis / 481	X⁷ 213	210	X⁴ 108	II 393 V	II 203	II 490 V	X⁷ 316	X⁷ { 145 bis / 235	IX³ 145	IX³ 49
tje tch'eu	*tchou*	*jò*	*zo*	*niu*	*tje tch'eu*	*tcheu*	*djà*	*ché*	*ch(i)é*	*li*	*ché*	*cha* / *dé cha m'*	*rreu*
jouer aux dés mander	ensemble	sorte d'arbre	(?)	bœuf (en général)	jouer aux dés mander	couper	parler	dot	amener	se reposer	chercher	partir	ramasser

71

Clef X³

Réf.	Son	Sens
X? 74	*tia*	laisser
I 268	*lo*	entourer
130	*hi*	nombril
IX³ 397	*tcha, tcha mo*	rebelle, révolté
I 14 / IX³ (V)	*ngou*	froid, bras
223	*tse*	envoyer et un dans onze
328	*li, ben gou ti*	collier (en corde)
II 132	*zou*	farine
II 253	*tsa*	toucher
II 401	*hli*	mesure, boisseau
II 230	*che*	serpent
II 98	*tcheu*	doux, sucré
80	*ngui*	percer
477	*dje, veu djeu*	récompense (?)
480	*le*	

Clef X⁴

Réf.	Son	Sens
II 298	*si, si ngue*	tuer
II 230 bis / 313	*che*	conduire
X? 108	*tcheu*	couper
25 / 27 bis	*vi, vouo*	cochon
26 / 27 bis	*vi, rouo*	cochon
II 27	*vi, vouo*	cochon
I 28 / IX⁴	*va*	coq
I 28 bis / IX⁴ 234	*va*	coq
IX⁴ 205	*keu*	calmer, apaiser
V 62	*su, seu*	sang
IX⁴ 289 bis / 325	*li, li keu*	soc
IX⁴ 289	*lé, lé cheüh*	fusil à cartouche
IX⁴ 433	*lu, i lu*	col
IX⁴ 433 bis / 434	*lu keu, lu(c)heu*	bouton
354	*dje*	cigale
I 402 / II	*zo*	blé
II 212	*zjeu*	gros arbre de nom inconnu
II 468	*nié, gni*	deux, verser
365	*yu*	saisir
VI 428 / X⁷	*kio, kio che*	pèlerine
II 425 / VI / X⁷	*nié, ka nié*	pincettes en forme de ciseaux
IX³ 154	*ndou*	boire
IX³ 20 bis / 99	*hle*	lancer, bétail
IX³ 20	*hle*	bétail

72

CLEF X⁵

Réf.	IV 252	IV 247 IX?	13	476	II 95	II 84	414	420	366	II 366 bis / 412	460	147	IX? 435	438	452
Pron.	*ya*	*tsa*	*hnà*	*pi* / *pi mo*	*ti* / *nti*	*mbuoh*	*rzeu*	*keü*	*njè*	*njeu*	*keü*	*gà* / *gà gá vi*	*uóh* / *cheu uóh*	*chló*	*tou*
Sens	distribuer	boue	maladie, être malade	prêtre, lettré	ciel, couleur rouge, enfoncer	se promener	acheter	sorte de tiroir	cuir, peau	peau	connaître	s'habiller	bande molletière	voir	boire relever

CLEF X⁶

Réf.	I 272	I 271	VII X? / 270 bis 359	IX? X? 244	IX? / 244 bis 350	VI 18 IX?	263	73
Pron.	*nzo*	*tse*	*si*	*bou, bo*	*bo*	*m'*	*pueuh*	*pseu*
Sens	connaissance, être au courant	poumon	choisir	écrire	orné (?)	cheval	gingembre	faible

Référence	Transcription	Sens
158	dia	appeler
346	mi faim, ka mi	avoir faim vermicelle
IX[3] 22 bis / 231	you	mouton
44	hii hié	maison, mouton, fumée (de tabac)
22	you	mouton, brebis
III 183	tche	se pendre
III 449	pi	(?)
79	ch'sue	blessure
VI 278 bis / 364 IX[3]	touh	gravir
VI 278	tò lò gà	bouclier
43	dzi	piment
V 54	zieh	employer, se servir de
462	kë	(?)

Référence	Transcription	Sens
IX[2] 251	dzeu	tailler
256 X[2]	hleu	saisir, prendre
II 257	hleu	saisir, prendre
IX[1] 211	ndé	gros
IX[3] 281	tseu po tseu	veste rembourrée
I 392 IX[1]	ia	partir, se mettre en marche
I 259	djiuh	bénéfice, profit, (en général) gain
X[2] 213	niu	bœuf
I 380 X[2]	tcheu	fendre
X[2] 316	li	se reposer a li se fatiguer
IX[3] 486	nha	entendre
VI 249	dzò	debout O dzo Sifan
VI 249 bis / 563	dzò	debout
VI 358	tseuh	mettre en gage
VI 357	je	fréquenté

Référence	Transcription	Sens
II 31	khëuh	nuit
X[2] 145 bis / 235	chè	chercher
II 21	tcheû	chèvre
I 194 / III / VI	ia	partager
VI 428 / X[4]	kio kio che	pèlerine
VI 74 bis / 300	tia mbiè tia	tirer à l'arc, lancer des flèches
VI 74 / X[3]	tia	laisser
II 425 / VI / X[4]	nié ka nié	pincettes en forme de ciseaux
VI 86 / IX[4]	nje	saluer p' partir, prendre congé
IX[1] 244 / X[6]	bo bou	écrire
IX[1] 424	bou tcheu bou	deux seaux pour porter l'eau
IX[1] 244 bis / 245	bou bou hleu	mois
101 bis / 340	ha ma ha	pluie
101	hra	faisan
179	njeu	prêter

CLEF X[8]

VII 360	VII 270	VII X⁶ ⟨ 270 bis / 359	VII 111	VII ⟨ 111 bis / 112	VII 319
ni	sié	si	dzeu	dzeu	yè / yè mo
rouge	foie	choisir	monter	monter	sabre

308	81	407	475	V 395 IX³	II 404 IX³	IX³ 164	165	VII 331	260	384	II 386	I 166	91
où	vouòh	nga	ou / ou lé	buh	keu	mbùoh / dùoh	yé	ga / ga soo	sieh	sa	keu	ndié	tsiu
pointe	bouillir	je, moi	descendre	farine	lutte à main plate	milieu	envoyer	partir	emporter un cadeau	guérir	muet	se disputer (un objet)	tromper

133	276	I 368	I 2	I ⟨ 140⁵ / 419	I 188	I ⟨ 140⁶ / 430	23
ze	mo	mi	ma	i / i gou	ro	i / i lù	you
brûler	femelle	faim, avoir faim	numérale	lit	enragé (furieux)	veste	mouton, brebis

INDEX DES MOTS FRANÇAIS

CORRESPONDANT AUX

CARACTÈRES LOLOS DE KANG SIANG YING

Les numéros placés à gauche du nom renvoient aux divers *Tableaux* où figure le caractère.

Les astérisques indiquent que le nom français se trouve représenté par plusieurs caractères différents. Un index spécial, qui suit celui-ci, réunit tous les noms qui offrent cette particularité.

La lettre P, placée à droite du nom, indique qu'en lolo il est polysyllabique. Un index spécial aux mots lolos polysyllabiques est donné plus loin.

A

2	60	61	66	abeille	
16				abricot	P
14	56			absent	P
18	53	57		accompagner	
12	59	62	66	accorder (s' —	P
21	51	72		acheter	
32	52	58	63	adroit (être —)	
2	51	57		aigrette	
2	47			aiguille	
1	52	58		aile *	
32				aimable (être —	P
5	54			aimer	
6	51	60		alcool	
34	52	58	70	amener	
31				ami	P
31	67			amitié	P
31	55			amuser (s' —)	
8	10	52	58		
69				année *	P
6	69	71		apaiser	
4	73			appeler	
4	55	66	70	après-midi	P
6	13	48	53		
70	71			arbres (sortes d' —)	
2	12	60		arc	
29	34	49		argent	
17	56			armes défensives	
13	56			arrêter (s' —)	
13	49			arriver	
17	57			articulation	
9	57			articuler	
34	64			attacher	
18	49	58		atteindre	
3	65			avare	
4	19	62		avoir	

B

12				balle (pour fusil)	P
18	58	63		bambou	
22				banc	P
24	68	72		bande molletière	P
5	66			barbare	
24	52	56		bas de laine	P
22				bâtonnet	
28	49	55	59	battre (se —)	P
18	63			bavarder	
33	47			beau (être —)	
11	49	73		bénéfice	
1	68	70	71	bétail *	
17	68			bigarré *	
19	49	70		blanc	
19	50	53	71	blé	
2	73			blessure	
15	66			bleu	
1	6	8	56		
60	70	73		bœuf	
6				boire de l'alcool	P
6	27	68	71		
72	145			boire de l'eau *	
34				bois	
22				bol (petit —)	P
3	30	52	56	bon	
6	57			boucher (mettre un bouchon)	
12	61	69	73	bouclier	P
11	57	65	72	boue *	
24				bouillie de sarrasin	P
2	66	74		bouillir *	
24	69	71		bouton	P
6	48	59	68		
71				bras	
25				brave	P
1	73	74		brebis	
15				brouillard	P
3	74			brûler	
3				bruyant *	
1	60			buffle	

C

6	69	71		calmer	
16				canne à sucre	P
25				caractères	P
12				casque	P
5	63	68	69	casser	
12	66			causer	
24				ceinture	P
12	52	55	56	ceinturon	P
26	49	51		célèbre	
25				cent	P
18	61			céréales *	
2	47			cerf	
15				champ sec (terre)	P
34	67			changer	
13	56			changer (de place)	
5	13	49	60		
64	69			chanvre	
24				chapeau (de paille)	P
14	49	51	62	charrue	P
18	48	56	57	châtaignier	
32	47			chaud	
4	34			chauffer (se —)	P
24				chaussette	P
9	55	70	73	chercher *	
1	4	8	20		
49	60	64	69		
72				cheval *	
1	20	32	53		
73				chèvre	
1	8	9	57		
66				chien *	
2	58	60	67	Chinois	P
17	62	72	74	choisir *	
15	53	72		ciel (voûte céleste)	P
17	71			cigale	
7	48	59	69	cinq, cinquième	P
23	53	61	71		
73				ciseaux (*ou* pincettes)	P
4	54			clarté	
18	62			cloche	

1	8	9	32		
52	53	71		cochon *	
24	69	71		col (d'habit)	P
34	58			col (de montagne)	
14	68	69		collier (en bois)	P
14	71			collier (en corde)	P
22	65			colonne	P
18	48			compter	
5	57			concerner (ne pas —)	
9	13	53	71	conduire	
3				confier *	
11	49	72		connaissance (avoir — :	
				être au courant)	
26	70			connu (être —)	
1	8	9	50		
64	69	71		coq *	
3	69			coq de bruyère *	
2	52	60		corne	
4	48	52	56	coucher (se — pour	
				dormir) *	P
31	66			couleur	
13	53	72		couleur rouge	
62	69	70	71	couper	
15	58	70		cour	P
11	68	70		courbe	
23				couteau (grand — de	
				cuisine)	P
22	65			couvercle	P
23				couvercle (de mar-	
				mite)	P
13	49			creux (de l'estomac)	
29				croupière	P
22				cuiller (grande —	
				pour prendre l'eau)	P
17	72			cuir	
12	56			cuirasse	
12	70			cuissards	P
34	52			cuivre	
49				cuve	P

D

4	21	51		dans	
17	61	73		debout *	
22				dedans	P
22				dehors	P
4	14			déjeuner (premier —)	P
12				délibérer	P
2	56	65		délier	
27				demander *	
17	64			dents	
2	69			dépoli	
3	63			déposer	
2	57			déraciner	P
1	62	70		derrière *	
30	74			descendre	P
18	52	58	65	déshabiller (se —) *	
7	53	55	65		
67	71			deux, deuxième	P
29				diable	P
29				dieu	P
4	47			dîner	P
5	50	56	74	disputer (se — un	
				objet) *	
11	57	72		distribuer	
1	7	51	56		
62	67			dix, dixième	P
7				dix-huitième	
7				dix-neuvième	P
7				dix-septième	P
1	55	66		donner	P
13	48	52	65	dormir	
6	52	58	70	dot	
19	48			doucement	
3	52	53	71	doux (sucré)	
7				douzième	P
1	8	51	52		
56	62			dragon *	
6	56			droit	

E

34	64		eau	
18	56		écraser	

17 67	écraser (avec le pied)	
25 27 65 72		
73	écrire	P
3 23 55 69	écuelle	P
6 50 53 67	égal	
1 49 57 64	élégant *	
2 59 73	employer	
6 52	empoigner (saisir)	
11 74	emporter (un cadeau)	
20	encre	P
20	encrier	P
3 5 47 53		
72	enfoncer	
6	enivrer (s' —)	P
5 74	enragé (furieux)	
6 66	enrouler	
9 17 48 66		
70	ensemble *	
5 33 34 59		
65 68 73	entendre	
11 49 71	entourer	
5 9 13 71		
74	envoyer	
9 56	épervier	
12	épieu	P
18 48 61	épine	
3 51	épousseter	
18 58	étaler	
31	étourdi	P
4 51 54	être (il y a)	
20	éventail	P
13 47	exciter (contre quel-qu'un)	
25	extrêmement	P

F

28	fâcher (se —)	P
2 72	faible	
18 47 74	faim	
13 18 47 62		
73 74	faim (avoir —) *	
3 55 65 73	faisan	
18 31 48 64	famille	P
3 19 59 68		
71 74	farine	
13 70 73	fatiguer (se —)	P
14	faucille	P
34 74	femelle	
24	femme	P
2 18 49 66		
70 73	fendre	
34 68	fer	
22	fermer	P
23	feu	P
1 47 62	fièvre	
2 6 50 52		
60 61 69	fil	
34	fils	
25	fini	P
2 66	flamber	
2 56	flèche	
11 62 74	foie	
2 30 54 57	fort	
28 30	fort (être —)	P
23	four	P
34 49 59	frapper	
17 61 73	fréquenté	
31	frère	
1 48 59 68		
71	froid	
4 23 55 62		
66 73	fumée (ou fumer)	P
5 47	furieux	
12 69 71	fusil (à cartouches)	P
12 57	fusil (à mèche)	P

G

11 49	gain	
16	gâteau (en général)	P
24	gilet	P
11 72	gingembre	
18 48 61	grains	

11 59 62 64
70   grand
29   grand (pour les per-
                  sonnes) *
6 19 50 52
58 63   grandir
17 61 73   gravir
5 48 60 66   grenouille
5 53 67   grimper
6 50 65 66
73   gros
6   gros (— arbre de
                  nom inconnu)
18 69 74   guérir *
12 62 65 66 guerre   P
30   guise (à sa —)   P

H

4 61 72   habiller (s' —)   P
14   hache   P
2 11 55 58   hacher
23   hachoir (pour les os) P
12   hausse-col   P
14   herse   P
17 51 57   herser
18 54   heurter
21   hier *
21 30 31 48
66   homme   P
7   huitième le —   P

I

27   ici   P
31 48   identité
11 49 70   ignorance
51 62 67   il y a...
27 64 69   ils (eux)   P
1 47   imposer (en —)
19 59 62   indigo
6 54 55   infiltrer (s' —)

J

12   jambières   P
7 49 51 66
74   je
19 51 66 68 jeune
24   jeune fille   P
6 70   jouer (aux dés)
24 48 56 58 jupe   P

L

27   là   P
14   laboureur   P
5 17 61 67   laine
2 61 71 73   laisser
12 52 69   lance *
3 61 68 71
73   lancer
31   langage   P
31   larmes (pleurer)   P
22   latte   P
4 63   laver (se —)   P
32 47   légumes   P
2 60   léopard
54 72   lettré
4 48 62 66   lever (se —) *
2   lever (se — d'un
                  siège) *
1 8 68   lièvre   P
22 47 74   lit   P
11 66   Lolo   P
13 55   loup
9 64   lumière *
1 8 15   lune   P
13   lunette   P
19 51 68 74 lutte (à mains plates)

M

32   maigre   P
6 11 48 56
65   mains

1	22	55	62		
66	73			maison *	
57	67			maître	
1	72			maladie	
3	13	54	56	mâle *	
17	47			mamelle *	
18	70			mander	
59	62	64	66		
70				manger	
14	27			manger (du pain) *	P
14	15			manger (le riz)	P
24	54	57		manteau	P
19	49	65		marcher	P
23				marmite	P
1	4	54	65	matin	P
6	51	63		méchant	
12	49	65		mèche (pour fusil)	P
31	48			même (le —)	
6	63			menacer	
21				mère	P
19	53	71		mesure (boisseau)	
3	68	70		mesurer	
3	70			mettre (une coiffure)	
17	61	73		mettre (en gage)	
50	55	68		Miao tseu	
5	18	30	68		
74				milieu	P
25	67			mille	
4	51			minuit	P
19				mio tseu	P
11	49	51	66		
74				moi	
7	8	10	13	mois	P
9	19	48	54		
58	64	69		montagne *	
3	13	30	57		
63	74			monter	P
1	13	47	70	mordre	
29				mors	P
2	53	65		mou	
17	69	70		moudre	

1	8	23	32		
68	73	74		mouton *	
31				moyen	P
18	53	74		muet	

N

3	65			négation	
15				neige	P
7	63			neuvième	P
6	56			niveler (la terre)	
5	49	65		nœud	
48	66			noir	
3	69	70	71	nombril *	
27				nous	P
15				nuage	
1	4	53	73	nuit *	
1	47	74		numérale (particule —)	

O

3	62			occuper (s' — de)	
25	26			offrir	P
63				Ollone (d' —)	P
9				onze	P
7				onzième	P
9	57			or	
16				orange	P
52	55	56	65		
67				ordinale (particule —)	
47	65	72		orné	
24	55	57		ornement (— d'argent sur le front, *ou* bandeau)	P
32				os	P
3				ôter (une coiffure) *	
1	53	55	68	ours *	
3	22	54	68	ouvrir *	P

P

16				paire	P
24	48	49	57	pantalon	P
2	3	31	60	panthère	
20	25			papier	P

11 66 73	tailler	
18 62 70	teinture	
15 51 55	terre	P
1 62	terre (champ) *	
20 32	thé	P
20	théière	P
8 60	tigre *	
14	timon	P
12 59 73	tirer (à l'arc)	P
22 72	tiroir (sorte de —	
6 65	toi	
1 18 67	tomber	
13 47 48 51	tonneau (grand — pour le riz)	
11 53 71	toucher	
3 55	tourner (les pages d'un livre)	
14	travailler (la terre)	P
7	treizième	P
7	trentième	P
52 69	trident	
7 55 67	trois et troisième	P
3 51 56 74	tromper *	
12 34 53 71	tuer	P
22 54	tuile	P
24 53 68 69	tunique	P
24 57	turban	P
1 55 57 62		
65 71	un *	
9 54	un (dans onze)	

V

34 65	vallée	
21	venir (cet homme vient)	P
16 52 64 73	vermicelle	P
16	vermicelle (espèces diverses)	P
5 54	vernir	
15	versant	P
34 53 71	verser	
24 47 74	veste	P
12 59 67 73	veste (rembourrée)	P
34 38	viande	
32 47	viande (gras de la —	P
32	viande (manger de la —)	P
32	viande (salée)	P
19 47	vinaigre	
7	vingtième	P
7	vingt et unième	P
7	vingt-deuxième	P
7	vingt-troisième	P
7	vingt quatrième	P
7	vingt-cinquième	P
7	vingt-sixième	P
7	vingt-septième	P
7	vingt-huitième	P
7	vingt-neuvième	P
34 72	voir	
27	vous	P

INDEX DES CARACTÈRES SIMILAIRES
AYANT REÇU DES NUMÉROS BIS

Le premier nombre indique le numéro du caractère sous la première forme rencontrée.

Les nombres suivants indiquent les numéros que les autres formes du même caractère ont reçus.

3	—	6		
15	—	431		
16	—	474		
17	—	134	162	
20	—	99	236	
22	—	231		
27	—	26	25	226
28	—	234		
34	—	329		
59	—	287		
60	—	330		
65	—	229	232	
66	—	132		
68	—	291		
69	—	67	68	143
71	—	151		
74	—	300		
82	—	338		
88	—	322		
89	—	321		
95	—	471		
96	—	399	446	448 471
101	—	340		
102	—	381		
111	—	112		
119	—	415		
121	—	443	444	
122	—	123		
126	—	233		
140	—	142		
140	—	315	406	419 430
145	—	235		
152	—	334		
167	—	169		
168	—	169		
177	—	412		
180	—	441		
187	—	288		
190	—	417		
205	—	487		

INDEX DES MOTS MONOSYLLABIQUES
INDIQUÉS COMME POUVANT ÊTRE FIGURÉS
PAR PLUSIEURS CARACTÈRES DIFFÉRENTS

Les chiffres placés à gauche du nom indiquent les tableaux où il se trouve.
Le chiffre placé à droite, entre parenthèses, indique le nombre de ses formes graphiques signalées par le *pimo*.

A

21 acheter (2)
1 aile (2)
9 année (3)

B

9 bétail (2)
17 bigarré (3)
1 6 8 bœuf (3)
27 boire (2)
11 boue (2)
2 bouillir (2)
3 bruyant (2)

C

9 chercher (2)
1 8 cheval (3)
1 id. (5)
20 32 chèvre (2)
1 9 chien (2)
17 choisir (2)
7 cinq (2)
1 9 cochon (2)
9 coq (2)

3 coq de bruyère (2)
4 coucher (se —) (2)
3 couper (2)

D

17 debout (2)
27 demander (2)
1 derrière (2)
18 déshabiller (se —) (2)
5 disputer (se —) (2)
7 dix (3)
1 8 dragon (4)

E

27 écrire (2)
1 élégant (2)
9 17 ensemble (3)
33 entendre (2)

F

18 faim (2)
3 faisan (2)
17 fleuri (3)

G

29	grand	(2)
18	guérir	(2)

J

7	je	(2)

L

12	lance	(2)
4	lever (se —)	(2)
2	id.	(3)
8	lièvre	(3)
9	lumière	(2)

M

1	maison	(3)
3	mâle	(2)
17	mamelle	(2)
27	manger	(2)
9	montagne	(2)
3	monter	(2)
1 8 20 32	mouton	(2)

N

17	noir	(2)
3	nombril	(2)
4	nuit	(2)
1	numérale (particule)	(2)

O

7	ordinale (particule)	(3)
3	ôter une coiffure	(2)

1	ours	(2)
3	ouvrir	(2)

P

20	peau	(2)
32	poisson	(2)
11	poser	(2)
32	poulet	(2)
3	pousser	(3)
27	prendre	(2)

Q

7	quatre	(2)

R

3 9	rat	(2)
17	rouge	(3)

S

11	saisir	(3)
2	sang	(3)
8	serpent	(2)
8	singe	(2)

T

1	terre	(2)
8	tigre	(2)
3	tromper	(2)

U

1	un	(3)
7 9	un (*dans* onze)	(2)

INDEX DES MOTS PLUSIEURS FOIS RÉPÉTÉS
SOUS DES FORMES DIFFÉRENTES

Cet index diffère du précédent en ce que c'est notre propre observation qui nous a fait postérieurement remarquer l'emploi de caractères divers, sans que le pimo nous ait lui-même signalé et garanti la correction de ces graphies.

Les chiffres indiquent les numéros des tableaux

INDEX
DES CARACTÈRES PLUSIEURS FOIS RÉPÉTÉS AVEC DES SONS OU DES SENS DIFFÉRENTS

Le chiffre placé à gauche du nom est le numéro du caractère et ceux placés à droite donnent les numéros des tableaux où il figure.

L'indication (P) veut dire que le caractère fait partie d'un mot polysyllabique et n'a point là de signification propre.

49	*rreu*	ramasser	1
	gueh	réussir	11
50	*bbo*	aile	1
	dou	encrier	20
51	*bbò*	aile	1
	dou	os	32
52	*bieuh*	donner	1
	beuh	offrir	26
62	*su ou seu*	sang	2
	se	grains	15
75	*gui(é)*	abeille	2
	guié	savoir	30
	di	maigre	32
76	*guia*	flamber	2
	dié	neige	15
81	*vouoh*	bouillir	2
	vou	os	32
87	*(r)h'è*	fort	2
	ha	(P)	22
90	*tsiu*	tromper	3
	tsi	(P)	10
94	*tié*	tourner les pages d'un livre	3
	té	écuelle	23
95	*ti*	enfoncer	3
	nti	couleur rouge (teinture)	13
	ti	nuage	15
	—	ciel	15
97	*ka*	épousseter	3
	—	(P)	20
98	*tcheu*	doux	3
	tchi kitzeu	animal chinois	20
99	*hle*	lancer	3
	hleu	(P)	14
102	*chou*	coq de bruyère	1
	che	au-dessus	29
109	*pou*	mâle	3
	po	écuelle	23
123	*poh*	ouvrir	3
	pouo	(P)	20
127	*hé*	rat	3
127	*hé*	(P)	11
129	*hi*	nombril	3
	—	(P)	7
131	*hi*	nombril	3
	hé	faucille	14
134	*m'(ou)*	soir	4
	m'	cheval	4
136	*che*	(P)	4
	hle	mois	13
139	*si*	minuit	4
	s'su	compter	18
141	*duo*	(P)	4
	djouo	droit	6
142	*i*	se lever	4
	a	(P)	11
144	*dé*	(P)	4
	di	four	23
145	*cha*	partir	4
	che	pot	23
	—	viande	32
148	*to*	(P)	4
	tpoh	écraser avec le pied	17
149	*kouo*	se chauffer	4
	kou	(P)	28
156	*nio*	(P)	4
	niu	bœuf en général	6
164	*mbuoh*	milieu	5
	duoh	milieu	18
	biu	ceinture	24
	ndu	au milieu	30
165	*né*	envoyer	5
	—	lunette	13
167	*ndié*	se disputer	5
	ndi	niveler la terre	6
169	*diu*	serf ou blanc	11
	—	orateur	17
191	*o*	(P)	5
	—	Sifan	11
	ou	pointe	17
196	*lou*	main	6
	lo	herse	14

№			№	№			№
199	*n'e*	toi, tu	6	269	*chieh*	cuirasse	11
	No	Lolo	11		*chia*	cuirasse	12
203	*che*	dot	6	277	*je*	fort	30
	tse	envoyer	17		—	rire	31
210	*tje*	jouer aux dés	6	284	*nié*	(P)	12
	tch'eu	mander	18		*ni*	rouge	15
214	*nié*	particule numérale	8	290	*mou*	(P)	12
	—	Excellence	30		*mo*	hache	14
218	*lleu*	(P)	7		—	rebelle	19
	hleu	saisir	11	293	*tsa*	se rassembler	12
219	*ngue*	(P)	7		—	doucement	19
	ngue / *nga*	je	27	297	*hoh*	tuer	12
224	*tsi*	dix (dans treizième)	7		—	rivière	17
	—	tomber	18	320	*tse*	(P)	14
226	*so*	(P)	7		—	articulation	17
	vou	cochon	8	322	*gou*	(P)	14
228	*bou*	(P)	7		*gouo*	herser	17
	bo	bigarré	17	326	*keu*	soc	14
230	*che*	serpent	8		*ké*	(P)	23
	cheuh	(P)	12	328	*ti*	collier	14
239	*tchou*	ensemble	9		*ki*	encrier	20
	tchuo	ami	31		*kié*	parent éloigné	31
243	*tsa*	articuler, prononcer	9	329	*m'(eu)*	(P)	14
	tse	sœur (?)	31		*mi*	célèbre	26
244	*bou*	mois	10	332	*dji*	(P)	14
	—	(P)	12		*gje*	sapèque	17
250	*ga*	(P)	11	339	*ou*	(P)	15
	ngue	(P)	12		*heu*	poisson	32
	ngue	tuer	12	344	*dza*	manger	15
254	*sié*	maître	11		*za*	céréales, grains	18
	si	choisir	17	348	*'nda*	poire	16
258	*hl'(eu)*	saisir, poser	11		*houo*	(P)	19
	ll'e	plan	12	349	*le*	prune	16
264	*vé*	(P)	11		*leu*	ôter ses habits	18
	vi	loup	13	366	*njé*	cuir	17
267	*dié*	(P)	11		*njeu*	peau	20
	gouah	courbe	11	408	*ha*	montagne	19
					hé	marmite	23

INDEX DES MOTS LOLOS POLYSYLLABIQUES

Le chiffre placé à gauche du nom renvoie au tableau où il se trouve.

Le chiffre placé à droite, entre parenthèses, indique le nombre des caractères du mot lolo.

Dictionnaire

des Caractères Lolo

employés dans le Pays indépendant

a Kiao kio

PL. VII

UNIQUE LIVRE LOLO IMPRIMÉ

PAR LES SOINS DU PRINCE LEN, NZEMO DE NGAN LONG TCH'ANG ET DE TA TIEN PA (PAYS SOUMIS) ET D'UNE PARTIE DU PAYS INDÉPENDANT

(SYSTÈME VERTICAL)

En pays soumis, ce livre se tient dans la position qu'indique ce titre et se lit par colonnes verticales commençant par la gauche; les pages se tournent de droite à gauche.

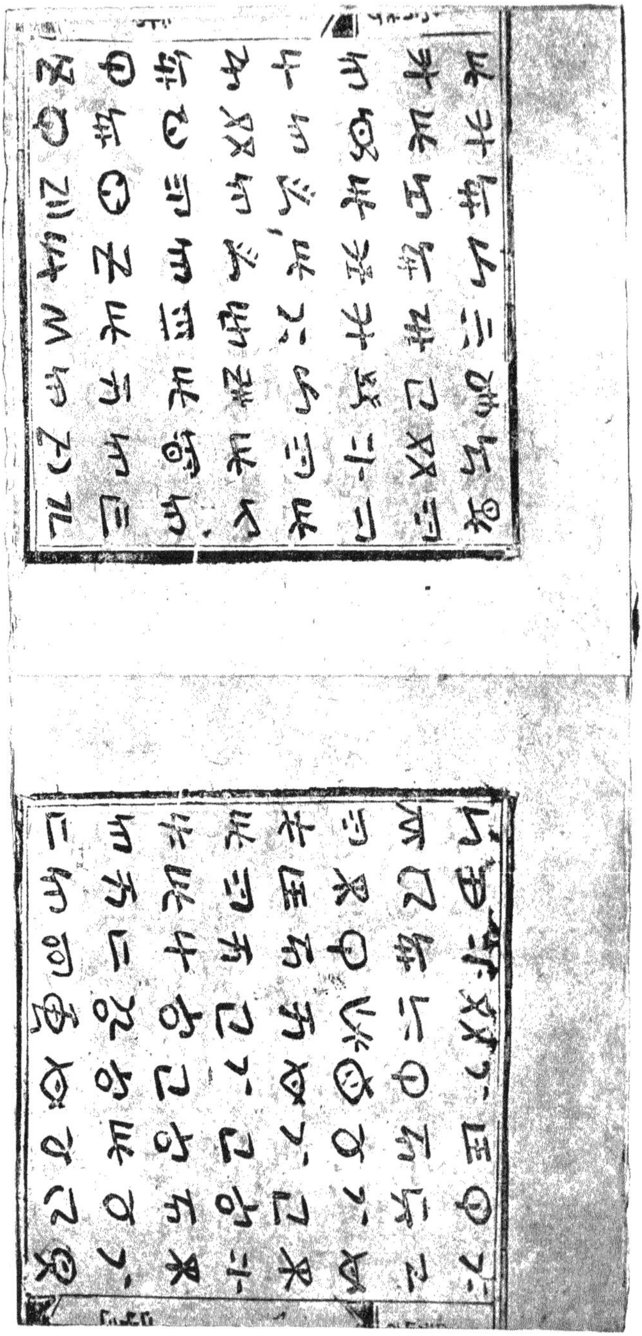

Dans le Pays Indépendant, ce livre se tient dans le sens que donne la position de cette note et se lit, par lignes horizontales, de droite à gauche. Les pages se tournent de bas en haut.

DICTIONNAIRE DE KIAO KIO

Ce dictionnaire a été dressé sur ma demande par Mgr de
Guébriant, avec l'aide d'un *pimo* venu du Pakichan, massif voisin de Kiao kio et de Tchouhé, centre du pays Lolo indépendant.

Mgr de Guébriant avait écrit à l'avance sur un carnet, en
colonnes verticales, les mots qu'il voulait demander; c'est ce qui
explique pourquoi les mots écrits en regard par le *pimo* sont
eux aussi en colonnes et non plus en lignes horizontales
comme dans le dictionnaire précédent. Mais on notera que, pour
chaque mot, les caractères sont bien disposés sur une ligne horizontale, allant de droite à gauche, exactement comme dans le
système du Dictionnaire de Kang siang ying.

Le fac-similé reproduit ci-contre ne cadre avec ce système
que si on a soin de le lire en tenant la page perpendiculaire au
corps, et non dans son vrai sens qu'indique le titre. Je le donne,
non comme spécimen de cette écriture, mais comme unique
exemple de livre lolo imprimé. Il est d'ailleurs à remarquer que,
composé par des Lolos à demi soumis contigus au territoire de
Kiao kio, il présente exactement les mêmes caractères, ainsi
qu'on le reconnaîtra en tenant la page perpendiculaire.

Il va sans dire que l'orthographe de Mgr de Guébriant pour
la transcription des sons a été respectée. Mais, ayant fait lire à
mon *pimo* de Kang siang ying, les caractères de son confrère de
Kiao kio, j'ai obtenu parfois des prononciations un peu différentes,

que j'ai notées au-dessous de celles écrites par Mgr de Guébriant. On pourra ainsi constater que les mêmes mots subissent des altérations, soit du fait des individus, soit par suite des usages locaux.

Bien que mon *pimo* ait lu et compris sans difficulté les mots de son collègue, on constatera que plusieurs ne sont pas figurés par les mêmes caractères dans les deux dictionnaires. Ces différences, dont j'ai donné précédemment la raison, ont été notées sur l'index, ainsi d'ailleurs que les cas d'identité.

Pour faciliter également la comparaison de ces caractères avec ceux de Wei ning tcheou, et avec ceux des Miao tseu, j'ai porté, en regard, des numéros qui sont ceux que les mots français correspondants occupent sur le modèle de vocabulaire dressé par l'École Française d'Extrême-Orient. En se reportant au même numéro dans les deux dictionnaires suivants, établis d'après ce plan, on y trouvera les caractères à comparer.

Ces caractères lolos s'écrivent et se lisent horizontalement de droite à gauche, exactement *en sens inverse* du français. Il en résulte que la transcription française des mots polysyllabiques, bien qu'exacte phonétiquement, devrait être inversée pour pouvoir être disposée syllabe par syllabe sous les caractères correspondants. Ex. : Dans *mo meu*, *mo* — ciel — correspond au caractère de droite, et *meu* — terre — à celui de gauche.

		Mo meu	univers (ciel, terre)			*o M'tié*	matin
	17	*Om'deu*	terre		295	*Chou k'ou*	cette année
	3	*Hlo bo*	lune		22	*Y gou*	eau
	2	*Ou boŭ*	soleil		37	*o M'tou*	feu
	8	*Maha*	pluie		219	*Ts'é*	sel
		Wou	neige		221	*Cha ngié*	sucre miel
	9	*o M'chi*	vent		224	*Cheu*	viande
		o M'tsao	beau temps			*M(ieu) sseŭ*	toile
		Gan go (ou Go ho)	froid			*Y liŭ (ou lié)*	vêtement
		T'sa ko	grande chaleur			*O ló*	chapeau
		o M'keu	soir			*Ts'e lé*	légumes [chinois]

No.		
222	*Ts'i io*	huile [chinois]
215	*Dzi*	manger
	Ts'à y	magasin
71	*Pao kou*	maïs
	Dzà	nourriture
	Ya you	pomme de terre
44	*Sseu bou*	arbre
53	*Jjè pi*	herbe
77	*Tsche m'*	rizière
43	*Lou gou*	forêt
148	*T'soù*	homme
149	*A meu zeù*	femme
152	*A iè zeu*	enfant
156	*A bou*	père
157	*A mó*	mère
158	*zeu*	fils
159	*A meù*	fille
	Viè sié l'ouo / *Hié si po*	maitre
	y kou	famille
256	*y k'iè*	toit
	heu djiè	marmite
254	*Và hà*	porte
255	*Ssieu nio*	fenêtre
259	*y gueu* / *y gou*	lit
	y tch'é	petite cuiller pour le bouillon de riz.
281	*Di m'zeu*	couteau
18	*nio pà*	plaine
19	*bou zé*	montagne
	jè mo	fleuve
	la la	vallée
	go mo / *gueu mo*	grande route
	Dzi (ou *dju*)	pont
	Lou K'ou / *'Lleu K'ou*	rempart
249	*Pao sha*	village

	106	*M'pá*	cheval
	88	*no niu*	bœuf
		je niu	buffle
	98	*ro (ou ri ou rié) pâ*	porc, cochon
	117	*ra pou oua pou*	coq
	118	*ra má*	poule
	92	*a leù*	chèvre
	95	*k'è*	chien
	126	*ra k'ié (ra tch'é)*	œuf de poule
		Nje kouò	peau
	172	*y tch'é*	tête
	177	*Nio tse / Nié tse*	œil
	179	*neù pò*	oreille
	180	*na bi*	nez
	173	*o nieu / o tcheu*	cheveux
	191	*lou*	main
	204	*Ki si / Ki chi / Chi chi*	pied
	198	*e mo*	ventre

		hè ma	cœur
	190	*lè ba leubo*	bras
	370	*ha je*	grand
	371	*è lzeu*	petit
		mbouè	bon
		le kó	mauvais
		ga chè	long
		à hong	haut
		i hmou	bas
		nja dje dja	beau
		à ngı	beaucoup
		i ngi	peu
		hli giö hli giö pó	vite
		ngi kio	aller ensemble
	316	*h'eù*	voir
	317	*n'à*	entendre
	215	*dzeù / dzi*	manger

D

216	*dje lou*	boire du vin		*jeù kó*	dire adieu
	dje	vin	310	*pó*	courir
322	*h'e*	parler		*yà*	se promener
	Ta beu zeu m'la	se taire	306	*bou*	aller
312	*Kö i*	dormir	307	*llà*	venir
341	*n'ha*	être malade		*die chà m'(ou)*	marcher
	n'hoù	frapper	323	*heu*	chanter
363	*sieù*	tuer		*k'ïä*	sauter
	voù	vendre		*l'ó*	sur
	veù	acheter		*ó*	dedans
	ko bieù	donner		*ts'è gâ*	à côté
	lé sou	demander		*go niù*	près de
	k'à sha sha	remercier		*ga sheù*	loin de
	ne na ssu	saluer		*p'ó*	ouvrir
				gò tà	fermer
				tch'é	porter
				koù	jeter

lleù	vouloir		seu	bois
à lleù	refuser		tche li	brûler
k'a	se réjouir	213	neu à ne	lait
à k'a	être triste	146	Gie jeu	miel
kò lò (o)m'	se fâcher	145	G'ie	abeille
fa	punir	116	H'a tze	oiseau
dje niù	délibérer	34	che bou	fer
ndie ge	mensonge		Tsé mo	poudre de guerre
mou leu	guerre	35	Djeù	cuivre
djou gou	arme	33	k'iù	argent
niè	lance	32	che	or
		141	toui	moustique
280 l'o gâ	bouclier		k'e che	puce
283 ri mo	hache		kia che	manteau lolo
ya k'iù	fusil à capsule		ò tie	turban lolo
do tsié	échelle		H'e gâ	Chinois
bou ma	caractère d'écriture		Nze mo	prince
tjeu zeu	écuelle			

F

	Transcription	Traduction
	H'e gâ sie p'ó	mandarin chinois
	mou	soldat
	H'lo	mur d'enceinte
183	*djeù*	dent
137	*bou ché*	serpent
	Ni tse	diable
	seu vè	fleur
	pi	réciter des prières
	seu lou meu	traité
324	*y ie*	rire
325	*i ngo*	pleurer
	om dzeu	monter à cheval
	oû	couper
	tcheo	cuire
	ko	chauffer
	kia	craindre
	h'e vro	admirer

	Transcription	Traduction
	ngó	penser
	gá ni kió tsè	offenser
	djé lë	querelle
	bò	écrire
	nè tsé	tonnerre
	dziu	grêle
	óm ho	nuage
	vcho	mer
	vò(o)m	empereur
	hi mó zu	mariage
	mó k'io	cadeaux de noce
155	*hi mó*	épouse
154	*bo tze*	mari
	zou	convive
	dze kie	fête
	z'a k'o	chef
	nó zeu	noble
	djiu	serf

Caractère	N°	Transcription	Français
〔pictogr.〕		*pi mo*	prêtre (sorcier lettré)
〔pictogr.〕	358	*ssè*	mourir
〔pictogr.〕		*te*	vivre
〔pictogr.〕	360	*tche*	brûler les morts
〔pictogr.〕	341	*nà*	avoir mal
〔pictogr.〕		*bi dji lo à beù ssè*	promettre
〔pictogr.〕		*nje djè là*	répondre
〔pictogr.〕		*ngà neu nda*	interroger
〔pictogr.〕		*A djiu*	ignorer
〔pictogr.〕		*nga djiù o*	savoir
〔pictogr.〕		*ju*	apprendre (s'instruire)
〔pictogr.〕		*f'pà*	enseigner
〔pictogr.〕		*pi p'a*	maitre, professeur
〔pictogr.〕		*iong tsè à kio*	rougir
〔pictogr.〕		*po*	répondant
〔pictogr.〕		*ma bo*	bambou
〔pictogr.〕	201-202	*hin tsè*	fil
〔pictogr.〕		*y*	aiguille
〔pictogr.〕		*bo là*	se cacher
〔pictogr.〕		*p'o*	fuir
〔pictogr.〕		*U là*	prendre
〔pictogr.〕		*tiè kò choùo*	renvoyer
〔pictogr.〕		*neù ja*	pardonner
〔pictogr.〕	362	*k'où*	voler
〔pictogr.〕		*djè*	enlever
〔pictogr.〕		*ko bo*	caisse
〔pictogr.〕		*k'a kò*	ou
〔pictogr.〕		*tsie kò*	ici
〔pictogr.〕		*A li kò*	là
〔pictogr.〕		*de dè (o)m*	toujours
〔pictogr.〕		*djiu mò à hoeu dje*	souvent
〔pictogr.〕	299	*è njè*	aujourd'hui
〔pictogr.〕	297	*a diè heu*	hier
〔pictogr.〕	300	*(ó)m cheu nje*	demain
〔pictogr.〕		*a njeù go*	jamais
〔pictogr.〕	101	*à hè*	rat, souris

	N°	Transcription	Français
		io (o)m	musc
	105	*a njè*	tigre
	31	*llò ma*	pierre
	364	*à k'ieou (tchiech)*	blanc
	365	*a nò*	noir
	368	*a lne*	rouge
	366	*à chè*	jaune
	367	*à llò*	vert
	369	*à vou*	bleu
		à llè	lourd
		iöu so	léger
		k'è nje mà	combien
		k'e nje gòu	combien (partitif)
		hin geu	quoi
		k'è di njeù	qui
	276	*hl mò*	navire, barque
		vi si toà	seigneur, maitre
		diè vieu	hôte

	Transcription	Français
	k'io po	ami
	a bò mà	ennemi
	ga chóu biù	voyageurs
	lè bà	planche
	k'ia lo	pierre de taille
	t'soua	bâtir
	k'io	détruire
	à djiu	large
	i vou	étroit
	siù	compter
	t'se ma	un
	njè	deux
	so	trois
	lleu	quatre
	ngè	cinq
	h'ò	six
	che	sept
	h'ei	huit

K

	gou (goou ou bhou)	neuf
	t'si	dix
	t'si tsé	onze
	t'si ngie	douze
	t'si so	treize
	(o)m't'si	vingt
	so t'si	trente
	t'sé h'a	cent
	ngia h'a	deux cents
	t'sé toua (ou touo)	mille
	t'sé wa	dix mille
	len do	perdre
	(o)l' ré	trouver
	boü dzie	dire
	dji ssé wea	connaitre
	ko mòu ko	commencement
	sa reu	fin

INDEX DES MOTS FRANÇAIS

EXPRIMÉS PAR LES CARACTÈRES LOLOS DE KIAO KIO

CORRESPONDANCE DES CARACTÈRES DE KIAO KIO ET DE KANG SIANG YING

La lettre placée à gauche du nom indique sur quel tableau il se trouve dans le Dictionnaire de Kiao kio.

Les chiffres placés dans les deux colonnes à droite du nom indiquent sur quels tableaux il se trouve dans le Dictionnaire de Kang siang ying.

La première colonne signale que les caractères sont identiques sur les deux Dictionnaires.

La deuxième colonne indique qu'ils sont plus ou moins dissemblables.

A

E	abeille	2	2
D	acheter	21	
D	adieu (dire —)		
E	admirer		
G	aiguille		2
D	aller		
H	ami	31	
A	année (cette —)	3 8 9	8 9
G	apprendre (s'instruire)		
B	arbre		
E	argent	29	
E	arme		
G	aujourd'hui		

B

G	bambou		18
H	bateau		
H	bâtir		
C	beau	33	
C	beaucoup		
H	blanc		19
H	bleu		
C	bœuf	1	1 8 20
D	boire	14 32	
E	bois		
C	bon		3
E	bouclier	12	
C	bras		6

E	brûler		3
G	brûler les morts		
C	buffle	1	1

C

G	cacher (se —)		
F	cadeau de noce		
G	caisse		
E	caractère d'écriture		
K	cent		
A	chaleur (grande)		
D	chanter		
A	chapeau		
F	chauffer		
F	chef		
C	cheval		1 4 8 20
C	cheveux		
C	chèvre		1 20 32
C	chien		1 8 9
E	chinois		2
H	cinq	7	
C	cochon		1 8 9 32
C	cœur		
H	combien		
K	commencement		
H	compter	18	
K	connaître		28
F	convive		
C	coq		1 8 9
D	côté (à —)		
F	couper		3

D	courir		33
B	couteau (petit —)		
B	cuiller (petite — pour le bouillon de riz)		
F	cuire		
E	cuivre		

D

D	dedans		22
F	délibérer		12
G	demain	21	
D	demander		
F	dent		17
H	détruire		
H	deux	7	
K	deux cents		
F	diable	29	29
K	dire		
K	dix	7	
K	dix mille		
D	donner		1 25 28 29
D	dormir		13
H	douze	7	

E

A	eau		
E	échelle		
F	écrire		25 27
E	écuelle (gd bol)		23 3
F	empereur		
B	enfant	34	
G	enlever		
H	ennemi		

G	enseigner	
C	entendre	5 33
F	épouse	
H	étroit	

F

E	fâcher (se —)	
B	famille	18 31
B	femme	24
B	fenêtre	
E	fer	
D	fermer	22
F	fête	
A	feu	23
G	fil	2 6
B	fille	
K	fin	
B	fils	
F	fleur	
B	fleuve	
B	forêt	
D	frapper	
A	froid (grand —)	
G	fuir	
E	fusil à capsule	

G

C	grand	11
F	grêle	
E	guerre	12

H

E	hache	14
C	haut	
B	herbe	
G	hier	21
B	homme	30
H	hôte	
B	huile	
H	huit	7

I

G	ici	27
G	ignorer	
G	interroger	

J

G	jamais	
H	jaune	
D	jeter	

L

G	la	27
E	lait de vache	
E	lance	12
H	large	
H	léger	
A	légumes	
B	lit	22
D	loin de	
C	long	
H	lourd	
A	lune	8 15

M

B	magasin	
C	main	6 11

B	maïs		
G	maître (profes-seur)		
B	maître (sei-gneur)		
G	mal (avoir —)		
D	malade(être—?)	1	
F	mandarin chi-nois		
C	manger	14 32	
E	manteau lolo		
D	marcher		
F	mari		
F	mariage		
B	marmite		23
A	matin	1	4
C	mauvais		
E	mensonge		
F	mer		
B	mère	21	
E	miel		
K	mille		
B	montagne	9 19	
F	monter à cheval		
G	mourir		
E	moustique		
F	mur d'enceinte		

N

A	neige		15
K	neuf	7	
C	nez		
F	noble lolo	11 30	
H	noir		

B	nourriture		
F	nuage		

O

C	œil		
C	œuf		
F	offenser		
E	oiseau		
K	onze	7 9	7
E	or	9	
C	oreille		
G	ou		
D	ouvrir		3 22

P

G	pardonner		
D	parler		19
C	peau		
F	penser		25
K	perdre		
B	père		31
C	petit	11	11
C	peu		
C	pied	19	
H	pierre		
H	pierre de taille		
B	plaine		15
H	planche		
F	pleurer		
A	pluie		15
B	pomme de terre		
B	pont		
B	porte		22

D	porter		
E	poudre de guerre		12
C	poule		
G	prendre	11 27 27	
D	près (de)		
G	prêtre {sorcier/lettré}		29
E	prince		
D	promener (se—)		2
G	promettre		
E	puce		
E	punir		

Q

H	quatre	7	
F	querelle		
H	qui ?		

R

G	rat	3 8 8 9	
F	réciter des prières		
E	refuser		18
E	réjouir (se —)		
D	remercier		
B	rempart		
G	renvoyer		
G	répondant		
G	répondre		1
F	rire		31
B	rizière		
H	rouge		17
G	rougir		
B	route (grande—)		

S

D	saluer		2
D	sauter		18
G	savoir		
H	seigneur		11
A	sel		1
H	sept	7	
F	serf	11	5
F	serpent		8
H	six	7	
F	soldat		
A	soleil		15
A	soir		4
G	souris		
G	souvent		
A	sucre	16	
D	sur		

T

D	taire (se —)		
A	temps (beau—)		
A	terre		15 17
C	tête		
H	tigre		8
A	toile		
B	toit		
F	tonnerre		
G	toujours		
F	traité		
K	treize	7	7
K	trente	7	
E	triste (être —)		
H	trois	7	

K	trouver		C	ventre	
D	tuer	12	H	vert	
E	turban lolo		A	vêtement	
			A	viande	32
	U		C	vite	
H	un	1 7 9	G	vivre	
H	univers		B	village	
			K	vingt	7
	V		D	vin	
B	vallée (grande—)		C	voir	
D	vendre		G	voler	
D	venir	21	E	vouloir	
A	vent		H	voyageur	

DICTIONNAIRE

DES CARACTÈRES LOLO

EMPLOYÉS PRÈS DE WEI NING TCHEOU

(KOUEI TCHEOU ET YUN NAN)

Dictionnaire

des caractères Lolo

employés près de Wei ning tcheou

(Kouei tcheou et Yun nan)

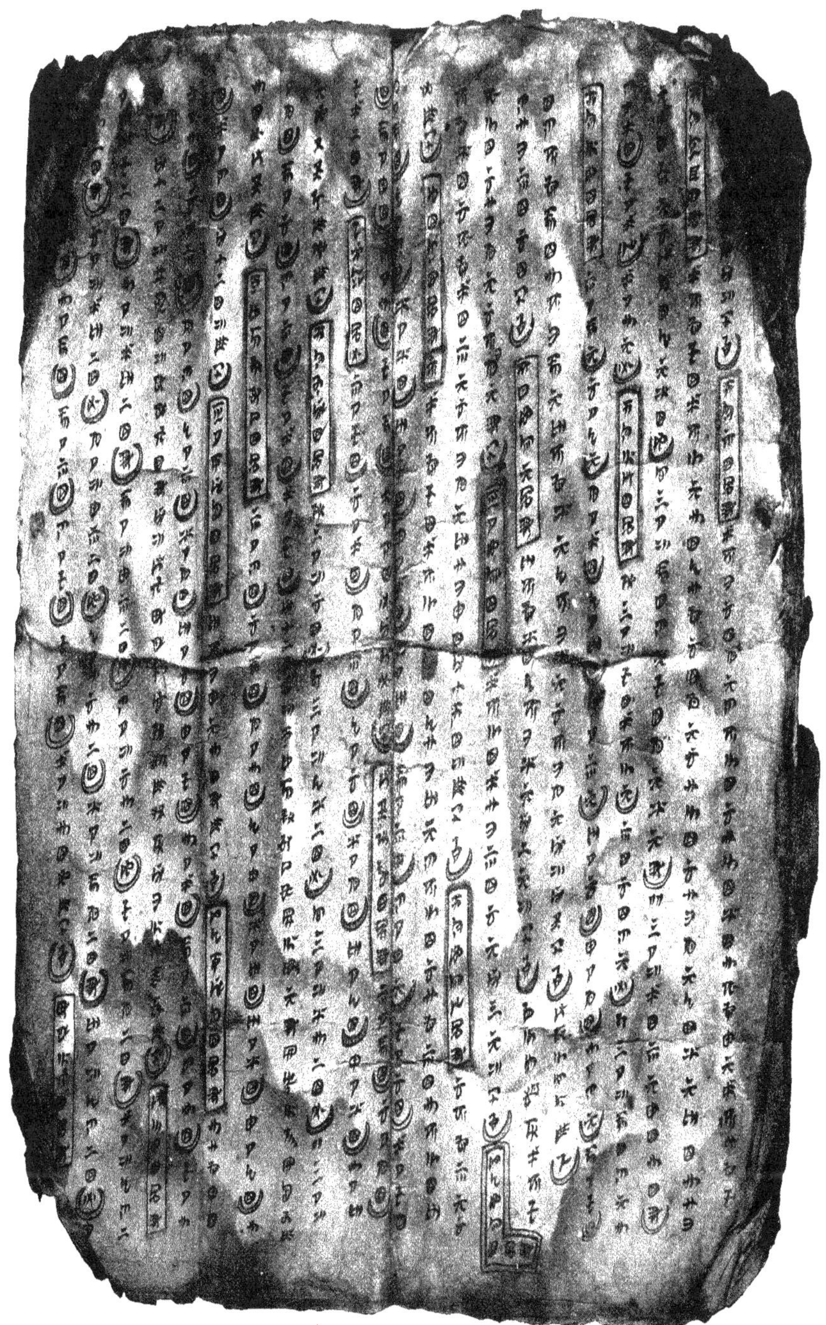

PL. VIII
LIVRE LOLO DE POU CHA TANG
FRONTIÈRE DU YUN NAN SEPTENTRIONAL (TCHEN HIONG TCHEOU) ET DU KOUEI TCHEOU (WEI NING TCHEOU)
SYSTÈME VERTICAL
Le livre a 0ᵐ32 de hauteur; la photographie en représente deux pages se faisant face. Le livre, très vieux, est relié en peau épaisse et s'ouvre très mal.

CHEOU (WEI NING TCHEOU)

vieux, est relié en peau épaisse et s'ouvre très mal.

DICTIONNAIRE DES CARACTÈRES LOLO
DE WEI NING TCHEOU

Ce Dictionnaire a été dressé par moi avec l'aide d'un *pimo* de Pé ngai, à 50 kilomètres à l'Est de Wei ning tcheou.

Le pimo a écrit en toute liberté les caractères correspondant aux mots que je lui demandais ; je plaçais ensuite les sons et le sens en regard. C'est lui qui a adopté la disposition verticale en colonnes allant de gauche à droite. Son système est donc tout à fait différent de celui des pimos de Kang siang ying et de Kiao kio — malgré une ressemblance apparente avec ce dernier, due uniquement au procédé de Mgr de Guébriant ; — en revanche, il est identique à celui signalé par l'abbé Vial. C'est d'ailleurs le plus répandu, car on le trouve chez tous les Lolos soumis, beaucoup plus nombreux que les Indépendants.

Ces caractères paraîtront tout d'abord absolument différents des précédents, mais il suffira de tourner le volume d'un quart de cercle vers la droite pour retrouver identiques beaucoup des caractères déjà vus. Pourtant il y en a de nouveaux, et surtout, la plupart n'ont ni la même prononciation ni le même sens que chez les Indépendants. Il n'en est que plus intéressant de voir certains caractères usités partout, fût-ce pour signifier les objets les plus dissemblables.

Sauf en ce qui concerne leur disposition, ces caractères présentent peu de ressemblance avec ceux de l'abbé Vial.

Il sera facile, à l'aide de la classification par clefs établie pour l'écriture de Kang siang ying, de reconnaître les caractères qui s'emploient également à Wei ning et dans le Pays indépendant, avec le même sens ou des sens différents. Pour permettre

17.

la même comparaison avec les caractères des Lolos de Kiao kio et ceux des Miao tseu, chaque nom français est accompagné du numéro qu'il porte dans le modèle de vocabulaire établi par l'Ecole française d'Extrême-Orient, dont je me suis servi pour poser les questions au pimo. Ces numéros ne désignent donc pas les caractères, mais leur sens ; à l'aide des Index, on trouvera de suite les caractères correspondant à la même signification dans les autres dictionnaires.

1	*mu*	ciel	20	*dou*	caverne
2	*nié*	soleil	21	*diou* / *ndiou*	chemin
3	*hlo*	lune	22	*yié*	eau
7	*lè*	nuage	25	*hè lou*	lac
8	*houo*	pluie	28	*mie*	boue
9	*hè*	vent	29	*khou*	poussière
10	*mu*	tonnerre	30	*cha*	sable
13	*kè*	orient	31	*lo*	pierre
15	*fi*	nord	32	*seu*	or
14	*ouo*	ouest	33	*thou*	argent
16	*hlo*	sud	34	*heu*	fer
17	*mie* / *mûe*	terre	35	*dgi*	cuivre
19	*bo*	montagne	37	*lo* / *muto*	feu

L'ordre des quatre points cardinaux est douteux

17..

b

38	*kiu* *mukiu*	fumée
39	»	cendre
40	*lona*	charbon
43	*zè*	forêt
44	*si*	arbre
45	*tcheù*	racine (*ou* branche?)
47	*ka*	branche (*ou* écorce?)
48	*nji*	écorce (*ou* bourgeon?)
50	*ri* *roui*	fleur
51	*mò*	fruit
52	*thou*	feuille
53	*pi*	herbe
67	*choui yé* (chinois)	tabac
68	*kiè* *tié*	thé
71	*pao ko* (chinois)	maïs

72	*no*	haricot
73	*tsong tsé* (chinois)	oignon
74	*keou teou*	ail
76	*dsc*	piment
77	*lè*	rizière
78	*tche*	semer le riz
81	*lié*	piler le riz
85	*pou*	marmite à riz
87	*on(h)*	buffle
92	*hò*	chèvre
93	*mi*	chat
95	*tchi*	chien
96	*lou*	aboyer
97	*kiè*	mordre
98	*va*	cochon
102	»	sanglier (*ou* singe ?)

105	*bou*	tigre
106	*mou*	cheval
116	*nga*	oiseau
117	*pu*	coq
124	*mu*	plume
125	*doù*	nid
126	*ndò*	œuf
128	*tchu*	voler
129	*gou*	chanter
130	*houon*	poisson
136	»	tortue d'eau douce
135	»	tortue de terre
137	*ntò*	serpent
138	*pòo*	grenouille
140	*miu*	mouche

141	*tseu*	moustique
143	*bu houo*	fourmi
144	*anion*	araignée
145	*dou*	abeille
146	*hiè*	miel
148	*yo*	homme
149	*nou*	femme
151	*mè*	jeune fille
152	*ba*	enfant
153	*mo*	vieillard
156	*a pa* *a tiè*	père
157	*a ma*	mère
160	*zou yuo*	petit-fils

161	(a) mé yuon	petite-fille
162	ntou	neveu
163	(a) me ntou	nièce
168	bà ntou	cousin, cousine
171	keubou	corps
172	hon	tête
173	nkomu	cheveu
174	tho	visage
175	theou	front
178	tho	joue (visage)
179	pö	oreille
180	nö	nez
181	dou	bouche
183	dze	dent
184	tcho	langue
186	tsé	barbe

188	bó	épaule
189	t'ó	aisselle
190	la	bras
191	t'o	main
192	fai	main droite
193	seu	main gauche
196	né	poitrine
198	ò	ventre
200	uo	dos
202	tsi	genou
204	tch'i	pied
206	dgni	peau
207	hoù	chair
211	tse	larmes
212	tchi	sueur
213	pâ	lait

219	*ts'ou*	sel
222	*you*	huile
223	*ts'ai*	graisse
224	*ba*	viande
228	*outou*	pantalon
231	*tse*	bouton
232	*cou*	boutonnière
233	*gni*	soulier
234	*tse*	chapeau
235	*yo*	bague
244	*nie*	coudre
245	*à*	tisser
247	*vai*	s'habiller
248	*dao*	se déshabiller
249	*ku'ao*	village
250	*dgni*	chemin (rue de village)
251	*dzaou*	haie
252	*gâa*	jardin
253	*hé*	maison
255	*tch'à*	fenêtre
256	*bù*	toit
258	*zé*	brique
260	*sép'où*	table
262	*soû*	lampe
265	*se mou*	bois à brûler
266	*tch'ou*	balai
267	*ye*	papier
268	*sou*	pinceau

f

269	*ná*	encre
271	*gou*	écrire
273	*sou*	livre
275	*tch'ou*	voiture
278	*dao*	arc
279	*zou*	flèche
281	*haó*	couteau
282	*lsou*	scie
283	*ls'o*	hache
285	*su*	bèche
286	*su*	charrue
287	*mu gni*	jour
288	*k'ui*	nuit
289	*gai*	aurore
290	*dzo*	midi

292	*l'à hòng*	mois
293	*là k'ao*	année
295	*tse k'ao*	cette année
296	*a gni k'o*	l'année prochaine
297	*gni*	hier
299	*ou gni*	aujourd'hui
300	*gao*	demain
301	*tch'aou*	après-demain
306	*séou*	aller
307	*ndiè*	venir
308	*tsay*	aller à cheval

309	*séou*	aller à pied
311	*lo*	se lever
312	*gnié*	s'asseoir
313	*ié*	se coucher
315	*gu*	s'éveiller
316	*na*	voir
317	*no*	entendre
318	*k'ou*	bruit
323	*chouo*	chanter
324	*hé*	rire
325	*ngu*	pleurer
326	*k'ou*	crier
328	*ti*	cracher
331	*hin*	avoir faim
332	*si*	avoir soif
334	*ts'é*	se laver la figure
335	*kao*	se peigner
336	*aong*	peigne
338	*ts'o*	couper ses cheveux
341	*nou*	être malade
342	*k'i*	avoir la fièvre
343	*h'o*	avoir la diarrhée
344	*che*	aller à la selle
347	*sou*	médecin
348	*ts'e*	remède
350	*bo*	sourd
351	*mou*	muet
352	*tseou*	boiteux

h

355 *a bai*   se marier
(homme)

356 *ts'i*   se marier
(femme)

358 *si*   mourir

359 *cn*   enterrer le
cadavre

360 *k'ui(?)* brûler le cadavre
voler (dérober)

364 *tch'ou* blanc

365 *na*   noir

366 *say*   jaune

367 *ho*   vert

368 *nao*   rouge

Noms de nombre

1 *ta*   un

2 *gni*   deux

3 *seu*   trois

4 *hlih*   quatre

5 *mm*   cinq

6 *tchò*   six

7 *chi*   sept

8 *he*   huit

9 *kui*   neuf

10 *tseuó*   dix

11 *tseuo ti* onze

12 *tseuo gni* douze

13 *Tseuo seu*   treize

14 *Tseuo hlih*   quatorze

20 *gni Tseuó*   vingt

21 *gni Tseuo la* vingt et un

30 *seu Tseuó*   trente

40 *hlih Tseuó*   quarante

100 *la hon*   cent

1.000 *la lo*   mille

10.000 *la hin*   dix mille

INDEX DES CARACTÈRES LOLOS
DE WEI NING TCHEOU

La lettre placée à gauche du nom indique le tableau où il se trouve.

Le numéro placé à droite du nom indique le numéro que ce nom occupe et dans ce dictionnaire et dans ceux des Lolos de Kiao kio et des Miao tseu.

PL. IX

LIVRE LOLO DE YI WO FONG

FRONTIÈRE DU YUN NAN (K'IU TSING FOU) ET DU KOUEI TCHEOU (HING YI FOU)

SYSTÈME VERTICAL

Dictionnaire

des caractères Miao tseu

employés près de Yong ning hien

(Sseu tch'ouan méridional)

L'ÉCRITURE DES MIAO TSEU

L'existence de l'écriture des Miao tseu est restée jusqu'ici absolument inconnue. Chinois et missionnaires résidant dans le pays s'accordent sur ce point avec les Miao tseu eux-mêmes : ceux-ci n'ont point d'écriture. A la vérité, on trouve la mention d'une écriture Miao tseu dans *Houang yuan tche* et dans le *Nan tchao ye che* ; mais ces indications, tout à fait incidentes, dépourvues de preuves et de la moindre référence, ne semblaient guère devoir prévaloir contre l'affirmation unanime recueillie sur place.

M. Devéria a cependant publié le fac-similé d'une page de caractères miao tseu alternés avec des caractères chinois ; mais pour que ce document, tiré du *Sien tchi tchi yu*, pût faire foi, il eût fallu que l'auteur chinois s'abstînt de révéler une déplorable ignorance de l'ethnographie — ignorance partagée d'ailleurs par la plupart de ses compatriotes, qui confondent ou séparent les races indigènes avec un arbitraire déconcertant. — C'est ainsi que sous le nom de *Miao jen* (ou *Miao tseu*), il désigne tout ensemble les *Lang*, les *Yao* et les *Tchouang*. Ces derniers me sont inconnus ; mais les *Yao* se différencient nettement des *Miao* par la langue et les mœurs, et n'acceptent avec eux aucune parenté ; il en est de même des *Lang*, ou *Nang*, qui doivent vraisemblablement être classés parmi les *Thaï* : voilà donc au moins trois races distinctes confondues sous l'appellation de *Miao tseu*. Cela est propre à inspirer quelque méfiance au sujet de cette même étiquette appliquée à l'écriture citée.

Remarquons que les Yao ont une écriture et des livres; je ne crois pas qu'on en possède en Europe, mais, ainsi d'ailleurs que plusieurs autres officiers, j'en ai vu chez les Yao du Tonkin, connus à tort sous le nom de *Man*. Ces livres sont précisément disposés comme le document reproduit par M. Devéria, en colonnes alternées de caractères yao et chinois; ces derniers ne doivent pas être pris dans leur sens idéographique, mais lus avec leur valeur phonétique qui correspond à des mots yao. N'ayant point d'élément de comparaison entre les mains, je ne puis affirmer que le document du *Sien tchi tchi yu* soit en caractères yao, mais c'est une hypothèse plausible

D'autre part, il ne semble guère contestable que plusieurs de ces caractères miao tseu ne sont autres que des caractères lolos, parfois renversés ou symétriquement retournés. Les différences que constate M. Devéria entre dix-sept caractères lolos du P. Vial et dix-sept de ces caractères prétendus miao tseu ayant, d'après lui, le même sens, ne prouvent quoi que ce soit : en effet, nulle part les Lolos n'attachent aux caractères un sens, mais bien un son, et comme toutes les tribus ont leur patois propre, ce sont des caractères distincts qui rendent le même sens suivant les différents dialectes.

Si on veut bien remarquer enfin que nombre d'auteurs chinois confondent les Lolos et les Miao tseu, on admettra que le dit document est tout à fait insuffisant pour démontrer que les véritables Miao tseu, qui s'affirment eux-mêmes dépourvus d'écriture, en ont réellement une.

Après m'être ainsi attaqué aux rares données faisant croire à l'existence d'une écriture miao tseu, j'éprouve quelque embarras à venir certifier qu'elle existe. Car je n'en ai d'autre preuve, contre l'affirmation unanime que recueilleront sans doute encore les futurs voyageurs comme l'ont recueillie nos prédécesseurs et nous-mêmes, que le présent dictionnaire. Je l'ai dressé de concert avec le Miao tseu Tchang te tsong, de Heou chan pou, à 30 kilomètres au Sud de Yong ning : cet homme, qui désirait mon appui pour un procès devant le mandarin, se laissa arracher le secret de son écriture nationale; je n'hésitai pas — crime que l'amour de la science me fera pardonner — à le séquestrer jusqu'à l'achèvement complet du travail. Après avoir lui-même tracé de sa main, sans aucune hésitation, tous les caractères ci-après reproduits et quelques courts textes prouvant son habitude de cette écriture, il m'a révélé l'existence de livres, dont quelques-uns d'histoire, et m'a indiqué où ils se trouvaient. J'ai fait plusieurs jours de marche, dans des montagnes difficiles, pour me rendre chez leurs possesseurs : ceux-ci ont juré n'avoir ni livres, ni écriture. Mais j'avais avec moi quelques soldats d'escorte que le préfet m'avait imposés et le propre chef de sa gendarmerie, et il est bien possible, comme me l'avait annoncé mon initiateur, que les Miao tseu aient eu peur de voir leurs livres confisqués et détruits par les Chinois, et d'être eux-mêmes punis pour avoir conservé ces monuments d'une civilisation impitoyablement proscrite. Bref, j'apporte un dictionnaire de 338 caractères d'une écriture que personne n'a jamais vue, et que tout le monde assure ne pas exister.

Cependant, il me semble que ce dictionnaire porte en lui-même les preuves de son authenticité. Comment croire qu'un simple paysan miao tseu, considéré comme un sauvage, a pu séance tenante et sans hésitation inventer une si longue suite de caractères? Par quel prodige de mémoire et d'intelligence aurait-il su, dans plusieurs cas où les idées étaient apparentées, écrire, à plusieurs heures et même à plusieurs jours d'intervalle, des caractères où se retrouve la même clef, qu'un examen un peu attentif révélera facilement, et qui correspond assurément à l'idée fondamentale (1)? Puis-je rappeler que la supercherie de

---

(1) Voir, par exemple, les différents caractères exprimant des noms d'arbres, où se retrouve un trait vertical qui rappelle évidemment le tronc de l'arbre. On retrouve ce trait dans le caractère de plusieurs fruits qui sont produits par des arbres : banane, etc... Voir aussi : Fil de coton, fil de soie, etc...

l' « agrach » qui, voici quelques années, intrigua si vivement la justice et même les savants, et divertit le monde entier, fut considérée comme un chef-d'œuvre d'ingéniosité et de mémoire ? Ce n'était rien cependant à côté de l'improvisation, non plus seulement d'un idiome, mais d'une écriture cohérente et, bien mieux, idéographique. Il va sans dire d'ailleurs que j'ai sur-le-champ présenté cette écriture à diverses personnes de la ville pour savoir si ce n'était pas une écriture cursive locale : personne ne la connaissait.

L'existence de cette écriture, qui ne ressemble nullement d'ailleurs à celle citée par M. Devéria, pose de bien curieux problèmes.

De quand date-t-elle ? Il paraitrait vraisemblable qu'elle est antérieure à la conquête chinoise, car les Miao tseu, s'ils n'avaient possédé une écriture à ce moment, auraient pu plus facilement et plus utilement adopter celle de leurs vainqueurs qu'en créer une nouvelle.

A moins cependant que ce ne soit une écriture secrète qu'ils ont fabriquée pour s'entendre à mieux résister aux Chinois. Cette hypothèse s'est, dès à présent, démontrée vraie en un autre endroit. Le P. Kircher, missionnaire en résidence près de Mong tseu, m'a écrit, en effet, qu'il avait lui aussi découvert une écriture miao tseu, et cette écriture, dont il m'a envoyé des spécimens photographiques, a été inventée, dans un but d'entente secrète, il y a une vingtaine d'années seulement.

En est-il de même pour mes caractères, qui ne ressemblent aucunement à ceux du P. Kircher ? Mon initiateur m'a assuré que cette écriture était fort ancienne. Il ne faut pas négliger de remarquer que c'est justement dans cette région, à moins de 30 kilomètres du village de mon Miao tseu, que j'ai relevé l'inscription en caractères inconnus du Tien to chan (Voir nos tomes II et III : *Stèles et Inscriptions rupestres*) que Chinois comme indigènes attribuent aux anciens maîtres du pays.

Un distingué professeur chinois de l'Université de Yun nan
fou, qui a examiné ces caractères miao tseu, nous a assuré que
c'étaient des formes cursives de l'ancienne écriture dite « tchouan
tseu », abandonnée par ordre de l'empereur Tsin Cheu Houang Ti
en 213 avant J.-C. S'il en était ainsi, il faudrait admettre que ce
peuple des Miao tseu, aujourd'hui pauvre, refoulé dans les montagnes et réduit à une sorte de barbarie, était, deux mille ans
plus tôt, si familier avec la civilisation chinoise et en possédait
l'écriture tellement à fond qu'il a su garder celle-ci jusqu'aujour-
d'hui, tout en restant longtemps assez indépendant pour n'avoir
pas été atteint par l'abolition officielle de cette écriture. Les actuels
Miao tseu apparaîtraient donc comme les anciens habitants du
royaume de Tchou, qui, d'après les textes chinois, avaient leur
langue à part — sans qu'on mentionne une écriture spéciale —
et qui, à la destruction de leur patrie par Tsin Cheu Houang Ti,
auraient cherché un refuge dans les montagnes en emportant
l'écriture chinoise de l'époque. Ces prétendus sauvages seraient
donc les dépositaires des vestiges de l'antique civilisation de la
Chine.

L'importance de telles déductions ne fait que mieux déplorer
que leur point de départ ne soit pas à l'abri de toute critique,
l'écriture d'un seul Miao tseu, si difficile qu'elle semble à impro-
viser, pouvant être suspectée de supercherie ; mais aussi elle
doit stimuler le désir qu'il soit procédé à une enquête spéciale et
approfondie, que ne décourageraient point les dénégations qui
l'accueilleront tout d'abord.

Un fait est positif : un Miao tseu a, sous nos yeux, écrit des
caractères inconnus et cohérents ; à moins qu'il n'explique lui-
même le miracle d'une imposture prodigieuse, cela suffit à
démontrer l'existence de l'écriture miao tseu, malgré l'ignorance
des Chinois méprisants et les protestations des Miao tseu inté-
ressés au silence.

A

	№		
	1	*do*	ciel
	2	*no*	soleil
	3	*hri*	lune
	4	*noko*	étoile
	6	*no pong hao*	le soleil se couche
	7	*houa*	nuage
	8	*nang*	pluie
	9	*kia*	vent
	10	*sau*	tonnerre
	11	*tchä*	éclair
	12	*jouang*	arc-en-ciel
	21	*kai*	chemin
	22	*tl'e* / *kl'e*	eau
	23	*haokl'e*	ruisseau
	24	*mi kl'e*	rivière
	25	*hà*	lac
	26	*hà*	mer
	27	*tama*	marais
	28	*la-tiè*	boue
	29	*ne y*	poussière
	30	*cha*	sable
	31	*jè (jui)*	pierre
	32	*ko*	or
	33	*gna*	argent
	34	*hrlo*	fer
	35	*tóng*	cuivre
	36	*tch'ou*	plomb
	37	*hrlate*	feu
	38	*pang ts'io*	fumée
	39	*tch'eou*	cendre
	40	*l'en*	charbon
	41	*teul hrlate*	allumer le feu
	42	*tch'oua hrlate*	éteindre le feu
	43	*jong*	forêt
	44	*dong*	arbre
	45	*kiang tong*	racine
	46	»	tronc
	48	*tè en tong*	écorce
	49	»	bourgeon
	50	*pâng*	fleur

B

51	*kĕ dong*	fruit
53	*gnáng*	herbe
58	*tche e dong*	bananier
59	*tche e*	banane
67	*in*	tabac
71	*mie*	maïs
72	*teou*	haricot
73	*ts'ong tie*	oignon
74	*khen*	ail
75	*kaola*	patate
76	*koua kou*	piment

77	*lán*	rizière
78	*tsiao io*	semer le riz
87	*tou*	buffle
88	*gno*	bœuf
89	*gno*	taureau
90	*nan keou*	vache
91	*keou*	bouc
92	*nan keou*	chèvre
93	*tsi ts'ou*	chat
94	*nan ts'ou*	chatte
95	*kl'e*	chien

96	»	aboyer
97	*kl'e to*	mordre
98	*ba*	cochon
101	*tchoua*	rat
102	*baille*	sanglier
103	*lau*	singe
104	*tcho*	panthère
105	*tcho*	tigre
106	*né*	cheval
108	*tou ko*	corne de buffle
109	*tcheou*	griffe de chat
110	*tutle*	queue de chien

C

№	Transcription	Français	№	Transcription	Français	№	Transcription	Français
112	tsong ne	crinière de cheval	126	kai	œuf	143	tchao	fourmi
			127	diekai	pondre	147	nė	homme en général (homo)
114	tsi ne	mâle	128	iang	voler	148	tsi ne	homme (vir)
115	ts'ou to	femelle	129	kai	chanter	149	ts'ou to	femme
116	nong	oiseau	130	heu–a pi	poisson	150	khla	jeune homme
117	ka	coq	132	nje li	nageoire	151	nia	jeune fille
118	po ka	poule	133	sia tse	crocodile	152	k'eou	enfant
119	se	canard	137	nang	serpent	153	lėou	vieillard
120	lao a	corbeau	138	kang	grenouille	156	tsi	père
122	kéondio	bec	139	kée	crapaud	157	na	mère
123	ti	aile	140	muo yong	mouche	158	to	fils
124	plo	plume	142	nbo	papillon			
125	je	nid						

	№		
	159	*nts'où*	fille
	160	*yoto*	petit-fils
	161	*yo ts'ou*	petite-fille
	162	*to deu*	neveu
	163	*ts'ai kou*	nièce
	164	*ti*	frère aîné
	165	*kou*	frère cadet
	168	*iemp'e*	cousin, cousine
	169	*yeou*	grand-père
	170	*po*	grand'mère
	171	*kié*	corps
	172	*láo ho*	tête
	173	*ploheou*	cheveu
	174	*phlo*	visage
	176	*haonia*	front
	177	*moi*	œil
	178	*teouplo*	joue
	179	*nje*	oreille
	180	*téong tchou*	nez
	181	*ndiao*	bouche
	182	*njou*	lèvre
	183	*na*	dent
	184	*ble*	langue
	185	*kang tchai*	menton
	186	*fou tse*	barbe
	187	*kiellang*	cou
	188	*pompo*	épaule
	189	*k'ao tcho*	aisselle
	190	*bang*	bras
	191	*tie*	main

E

192	*tie sie*	main droite
193	*tie lao*	main gauche
194	*li tie*	doigt
195	*li tie*	ongle
196	*haotcha*	poitrine
197	*plang*	mamelles
198	*njogo*	ventre
199	*deu di*	nombril
200	*njogo*	dos
201	*kie kang*	cuisse
202	*hao tsio*	genou

203	*i tsé tsi kang*	jambe
204	*te eu*	pied
205	*di te*	orteils
207	*ga*	chair
206	*te ou ao*	peau
208	*pleo*	poils
209	*ts'ang*	os
210	*ntch'ang*	sang
211	*koima*	larmes
212	*fsu*	sueur

213	*koua lu*	lait
214	*ji*	urine
215	*lao tcha*	manger le riz
216	*hao tte*	boire de l'eau
217	*hao tsieou*	boire de l'alcool
218	*khao tsie*	être ivre
219	*njè*	sel
220	*fou tsiao*	poivre
222	*tchao*	huile

F

224	*ga*	viande	234	*mao*	chapeau	243	*tcho o*	étoffe de soie
225	*kle kan*	œuf de poule	235	*k'ou te*	bague	244	*sai e*	coudre
226	*kle ko*	œuf de cane	236	*k'ao nje*	boucles d'oreilles	245	*ndo o*	tisser
228	*dji*	pantalon	237	*pouo*	bracelet	246	*sio ndo o*	métier à tisser
227	*han t'ia*	veste	238	*ki te*	anneau de pieds	247	*nang tch'ao*	s'habiller
229	*chi*	ceinture	239	*cheou p'an*	collier	248	*hre tch'ao*	se déshabiller
230	*dong p'a*	turban	240	*so*	fil de coton	249	*kéo*	village
231	*nu*	bouton	241	*so na*	fil de soie	250	*ké*	chemin
232	*nu do*	boutonnière	242	*ndao*	étoffe de coton	251	*keou po*	haie
233	*k'o*	souliers				252	*páng*	jardin

G

№		№		№	
253	*dje* — maison	267	*deu* — papier	288	*maongto* — nuit
254	*djong* — porte	269	*mie* — encre	290	*cho* — midi
255	*k'ao djang* — fenêtre	271	*cho* — écrire	292	*ihri* — mois
256	*djo tsoui* — toit	273	*deou* — livre	293	*ihiong* — année
257	*dong* — bois de construction	274	*ts'ao deu* — lire un livre	299	*no na* — aujourd'hui
258	*kiao la* — brique	276	*gao* — barque (pirogue)	294	*tchouai lang* — l'année dernière
259	*kieou* — lit de camp	277	*tao tsu* — rame (pagaie)	295	*hieng lang* — cette année
260	*siong* — table	278	*hne* — arc	296	*tcheeu nuong lang* — l'année prochaine
261	*lie* — natte	279	*sohne* — flèche	297 *nangé* — hier
266	*k'o tch'a* — balai	281	*tch'a* — couteau	298	*nang ki* — avant-hier
		282	*kéeu* — scie		
		287	*manto-manto* — jour		

H

300	*kia ki*	demain	316	*jong*	voir	330	*chlie*	se moucher
306	*mong*	aller	317	*noo*	entendre	331	*tch'ai*	avoir faim
307	*pa ké*	venir	320	*khaang*	bonne odeur	332	*k'oi h'n*	avoir soif
308	*kié né*	aller à cheval	321	*tounts'a*	mauvaise odeur	333	*lao koi*	téter
309	*mou ké*	aller à pied	322	*t'ang*	parler	334	*tsa ma*	se laver la figure
310	*kao*	courir	323	*go (kao)*	chanter			
311	*cheou*	se lever	324	*l'o*	rire	335	*dji ho*	se peigner
312	*niao*	s'asseoir	325	*nien*	pleurer			
313	*pou*	se coucher	326	*hoka*	crier	336	*joi*	peigne
315	*tché*	s'éveiller	327	*ngo*	tousser			

337	*nja tsie*	se baigner	345	*tchao je*	uriner	351	*tchoua*	sourd
338	*klai ho*	couper ses cheveux	346	*ts'em ts'ao*	petite vérole	352	*kiè kang*	boiteux
340	*jong*	être en bonne santé	347	*i sen*	médecin	353	*t'ope tse*	bossu
341	*tse jong*	être malade	348	*koi*	remède	355	*tsai po*	se marier (homme)
342	*duo be*	avoir la fièvre	349	*sia*	aveugle	356	*hao tsicou*	se marier (femme)
343	*plang ko*	avoir la diarrhée	350	*lang ko*	sourd	357	*tao nia*	accoucher
344	*tcha koua*	aller à la selle				358	*ta*	mourir
						359	*eulao*	enterrer le cadavre

K

360	*p'ien ki*	brûler le cadavre	368	*lama*	rouge
361	*ntch'ai*	avoir peur	369	*sa a*	bleu
362	*nia*	voler (dérober)		*se ta*	histoire
363	*ta*	tuer		*ko*	prière
364	*kleou*	blanc		»	bon
365	*klo*	noir			
366	*klang*	jaune			
367	*njoua*	vert			

L

1	*ie*	un	9	*kiaa*	neuf	80	*ié kio*	quatre-vingts
2	*ao*	deux	10	*kaoo*	dix	90	*kia kio*	quatre-vingt-dix
3	*pié*	trois	11	*kaoo ie*	onze	100	*i pa*	cent
4	*plo*	quatre	20	*nen kao*	vingt		*ie ts'an*	mille
5	*tchoui*	cinq	30	*pié kio*	trente			dix mille } (?)
6	*tchoo*	six	40	*plo kio*	quarante			
7	*siang*	sept	50	*tchoui kio*	cinquante			
8	*ie*	huit	60	*tchoo kio*	soixante			
			70	*siang kio*	soixante-dix			

INDEX DES MOTS FRANÇAIS

CORRESPONDANT AUX

CARACTÈRES MIAO TSEU

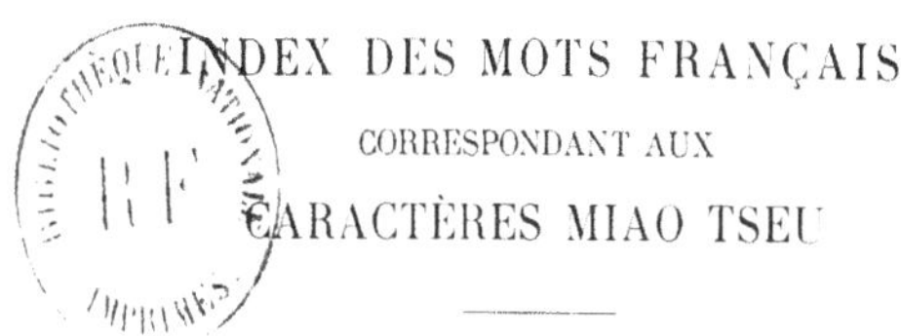

La lettre placée à gauche du nom indique le tableau où il se trouve.

A		**B**	
B	aboyer	*F*	bague
I	accoucher	*I*	baigner (se —)
B	ail	*G*	balai
C	aile	*B*	banane
D	aisselle	*B*	bananier
E	alcool (boire de l' —)	*D*	barbe
H	aller	*G*	barque
H	aller (— à cheval)	*C*	bec
H	aller (— à pied)	*K*	blanc
A	allumer (— le feu)	*K*	bleu
F	anneau (— de pieds)	*B*	bœuf
G	année	*E*	boire (— de l'alcool)
G	année dernière (l' —)	*E*	boire (— de l'eau)
G	année (cette —)	*G*	bois de construction
G	année prochaine (l' —)	*I*	boiteux
A	arbre	*K*	bon
G	arc	*I*	bossu
A	arc-en-ciel	*B*	bouc
A	argent	*D*	bouche
H	asseoir (s' —)	*F*	boucles d'oreilles
G	aujourd'hui	*A*	boue
G	avant-hier	*A*	bourgeon
I	aveugle	*F*	bouton

21.

F   boutonnière
F   bracelet
D   bras
G   brique
K   brûler (— le cadavre)
B   buffle
B   buffle (corne de —)

C

K   cadavre (brûler le —)
I   cadavre (enterrer le —)
C   canard
F   cane (œuf de —)
F   ceinture
A   cendre
L   cent
E   chair
C *H* chanter
F   chapeau
A   charbon
B   chat
B   chat (griffe de —)
B   chatte
A *F* chemin
B   cheval
H   cheval (aller à —)
C   cheval (crinière de —)
D   cheveu
I   cheveux (couper ses —)
B   chèvre
B   chien
B   chien (queue de —)
A   ciel
L   cinq
L   cinquante
B   cochon
F   collier
G   construction (bois de —)
C   coq
C   corbeau
B   corne (— de buffle)

D   corps
F   coton (étoffe de —)
F   coton (fil de —)
D   cou
H   coucher (se —)
F   coudre
I   couper (— ses cheveux)
H   courir
D   cousin, cousine
G   couteau
C   crapaud
H   crier
C   crinière (— de cheval)
C   crocodile
E   cuisse
A   cuivre

D

H   demain
D   dent
K   dérober
F   déshabiller (se —)
L   deux
I   diarrhée (avoir la —)
L   dix
E   doigt
E   dos

E

A   eau
E   eau (boire de l' —)
A   éclair
A   écorce
G   écrire
G   encre
C   enfant
H   entendre
I   enterrer (— le cadavre)
D   épaule
A   éteindre (— le feu)

F	étoffe (— de coton)
F	étoffe (— de soie)
A	étoile
H	éveiller (s' —)

F

H	faim (avoir —)
C	femelle
C	femme
G	fenêtre
A	fer
A	feu
A	feu (allumer le —)
A	feu (éteindre le —)
I	fièvre (avoir la —)
H	figure (se laver la —)
F	fil (— de coton)
F	fil (— de soie)
D	fille
C	fils
G	flèche
A	fleur
A	forêt
C	fourmi
D	frère (— aîné)
D	frère (— cadet)
D	front
B	fruit
A	fumée

G

E	genou
D	grand'mère
D	grand-père
C	grenouille
B	griffe (— de chat)

H

F	habiller (s' —)
F	haie
B	haricot

B	herbe
G	hier
K	histoire
C	homme (en général)
C	homme
E	huile
L	huit

I

E	ivre (être —)

J

E	jambe
F	jardin
K	jaune
C	jeune fille
C	jeune homme
D	joue
G	jour

L

A	lac
E	lait
D	langue
E	larmes
H	laver (se — la figure)
H	lever (se —)
D	lèvre
G	lire (— un livre)
G	lit de camp
G	livre
A	lune

M

D	main
E	main droite
E	main gauche
B	maïs
G	maison
I	malade (être —)

C	mâle
E	mamelles
E	manger (— le riz)
A	marais
I	marier (se —) (femme)
I	marier (se —) (homme)
I	médecin
D	menton
A	mer
C	mère
F	métier à tisser
G	midi
L	mille
G	mois
B	mordre
C	mouche
H	moucher (se —)
I	mourir

N

C	nageoire
G	natte (tapis)
L	neuf
D	neveu
D	nez
C	nid
D	nièce
K	noir
E	nombril
A	nuage
G	nuit

O

H	odeur (bonne —)
H	odeur (mauvaise —)
D	œil
C	œuf
F	œuf (— de cane)
F	œuf (— de poule)
B	oignon
C	oiseau
E	ongle
L	onze
A	or
D	oreille
F	oreilles (boucles d' —)
E	orteils
E	os

P

G	pagaie
F	pantalon
B	panthère
G	papier
C	papillon
H	parler
B	patate
E	peau
H	peigne
H	peigner (se —)
C	père
D	petite-fille
I	petite vérole
D	petit-fils
K	peur (avoir —)
E	pied
H	pied (aller à —)
F	pieds (anneau de —)
A	pierre
B	piment
G	pirogue
H	pleurer
A	plomb
A	pluie
C	plume
E	poils
C	poisson
E	poitrine
E	poivre
C	pondre
G	porte

C poule

F poule (œuf de —)

A poussière

K prière

Q

L quarante

L quatre

L quatre-vingt-dix

L quatre-vingts

B queue (— de chien)

R

A racine

G rame (pagaie)

B rat

I remède

H rire

A rivière

E riz (manger le —)

B riz (semer le —)

B rizière

K rouge

A ruisseau

S

A sable

E sang

B sanglier

I santé (être en bonne —)

G scie

E sel

I selle (aller à la —)

B semer (— le riz)

L sept

C serpent

B singe

L six

F soie (étoffe de —)

F soie (fil de —)

H soif (avoir —)

L soixante

L soixante-dix

A soleil

A soleil (le — se couche)

F souliers

I sourd

E sueur

T

B tabac

G table

B taureau

D tête

H téter

B tigre

F tisser

F tisser (métier à —)

G toit

A tonnerre

H tousser

L trente

L trois

A tronc

K tuer

F turban

U

L un

E urine

I uriner

V

B vache

H venir

A vent

E ventre

K vert

F veste

F viande

C vieillard

F village

L vingt

D visage

H voir

C voler

K voler (dérober)

TABLE

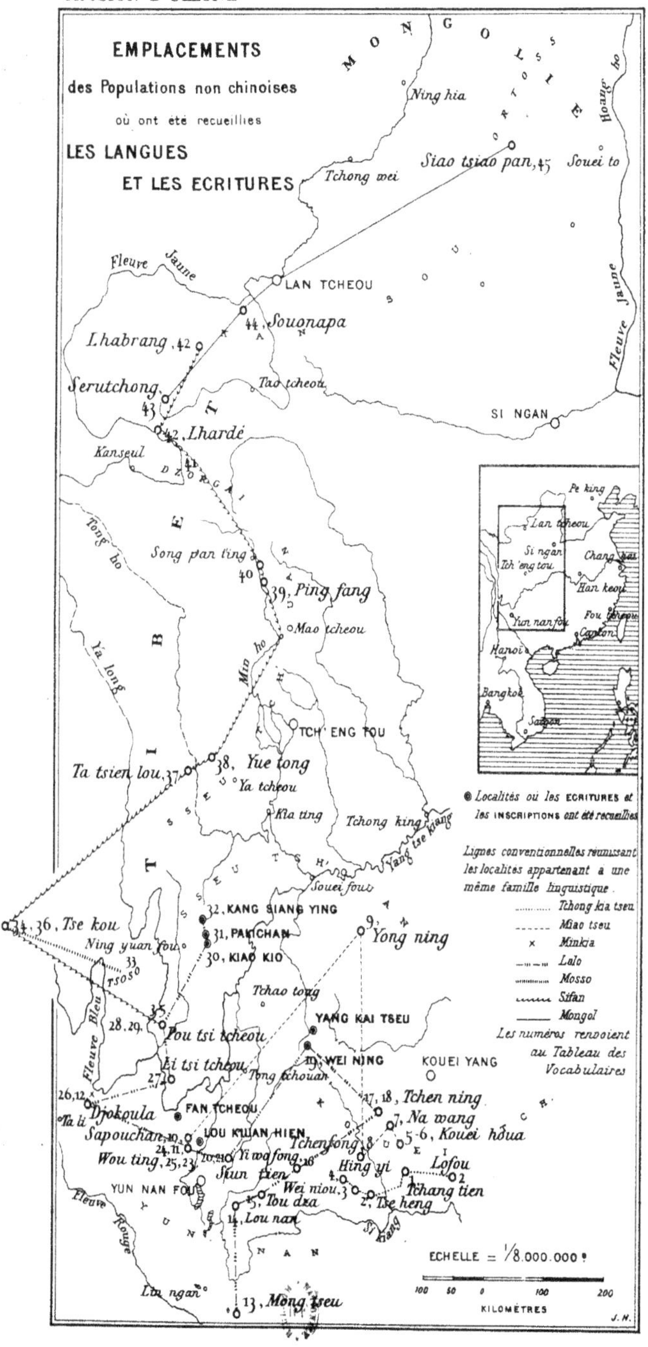
EMPLACEMENTS
des Populations non chinoises
où ont été recueillies
LES LANGUES
ET LES ECRITURES
MONGOLIE
Ning hia
Siao tsiao pan, 45
Souei to
Tchong wei
Hoang ho
Fleuve Jaune
LAN TCHEOU
44, Souonapa
Lhabrang, 42
Tao tcheou
Serutchong, 43
SI NGAN
42, Lharde
Kanseul
41
DZORGAI
Tong ho
Song pan ting
40
39, Ping fang
Mao tcheou
Ya long
Min ho
TCH'ENG TOU
38, Yue tong
Ta tsien lou, 37
Ya tcheou
Kia ting
Tchong king
Yang tse kiang
Souei fou
32, KANG SIANG YING
9
31, PAKCHAN
Yong ning
30, KIAO KIO
34, 36, Tse kou
Ning yuan fou
33
TSOSO
Tchao tong
35
YANG KAI TSEU
28, 29
Fou tsi tcheou
Li tsi tcheou
19, WEI NING
KOUEI YANG
27
Tong tchouan
26, 12
17, 18, Tchen ning
Djokoula
FAN TCHEOU
7, Na wang
Ta li
Sapouchan, 10
LOU KUAN HIEN
5-6, Kouei hôua
24, 11
Tchenfong, 8
Wou ting, 25, 23
Yi wo fong, 16
Hing yi
Lofou
Siun tien
Wei niou, 3
Tchang tien
YUN NAN FOU
5, Tou dza
2, Tse heng
14, Lou nan
Si nan
NAN
ECHELLE = 1/8.000.000 ?
Lou ngan
13, Mong tseu
100 50 0 100 200
KILOMETRES
J. H.
Pe king
Lan tcheou
Si ngan
Tch'eng tou
Chang hai
Han keou
Fou tcheou
Yun nan fou
Canton
Hanoi
Bangkok
Saigon
Localités où les ECRITURES et les INSCRIPTIONS ont été recueillies
Lignes conventionnelles réunissant les localités appartenant à une même famille linguistique.
Tchong kia tseu
Miao tseu
Minkia
Lolo
Mosso
Sifan
Mongol
Les numéros renvoient au Tableau des Vocabulaires

ALENÇON. — IMP. GEO SUPOT.